Collins gem

GERMAN
PHRASEBOOK & DICTIONARY

Published by Collins
An imprint of HarperCollins Publishers
Westerhill Road
Bishopbriggs
Glasgow G64 2QT

Fourth Edition 2016

10 9 8 7 6 5 4 3 2 1

ISBN 978-0-00-813596-6

www.collinsdictionary.com

Typeset by Davidson Publishing Solutions, Glasgow

Printed and bound in China by RR Donnelley APS

A catalogue record for this book is available from the British Library.

If you would like to comment on any aspect of this book, please contact us at the given address or online.

E-mail: dictionaries@harpercollins.co.uk

facebook.com/collinsdictionary

@collinsdict

Acknowledgements
We would like to thank those authors and publishers who kindly gave permission for copyright material to be used in the Collins Corpus. We would also like to thank Times Newspapers Ltd for providing valuable data.

Editor
Holly Tarbet

Contributors
Helen Galloway
Jany Schneider
David White

For the Publisher
Gerry Breslin
Janice McNeillie
Helen Newstead

Front cover image: Der Neuer Zollhof facade, in Dusseldorf.
©nadisja / Shutterstock.com

Using your phrasebook

Whether you're on holiday or on business, your **Collins Gem Phrasebook and Dictionary** is designed to help you locate the exact phrase you need, when you need it. You'll also gain the confidence to go beyond what is in the book, as you can adapt the phrases by using the dictionary section to substitute your own words.

The **Gem Phrasebook and Dictionary** includes:

- Over 60 topics arranged thematically, so that you can easily find an expression to suit the situation

- Simple pronunciation which accompanies each word and phrase, to make sure you are understood when speaking aloud

- Tips to safeguard against any cultural faux pas, providing the essential dos and don'ts of local customs or etiquette

- A basic grammar section which will help you to build on your phrases

- **FACE TO FACE** dialogue sections to give you a flavour of what to expect from a real conversation

- A handy map of the country which shows the major cities and how to pronounce them

- **YOU MAY HEAR** sections for common announcements and messages, so that you don't miss important information when out and about

- A user-friendly 3000 word dictionary to ensure you'll never be stuck for something to say
- LIFELINE phrases are listed on the inside covers for quick reference. These basic words and phrases will be essential to your time abroad

Before you jet off, it's worth spending time looking through the topics to see what is covered and becoming familiar with pronunciation.

The colour key below shows you how to search the phrasebook by theme, so you'll be able to find relevant phrases very quickly.

Talking to people

Getting around

Staying somewhere

Shopping

Leisure

Communications

Practicalities

Health

Eating out

Menu reader

Reference

Grammar

Dictionary

Contents

Pronouncing German

In this book you are given the pronunciation of the phrases so that you will soon be able to recognize the different sounds. (The stressed syllable is marked in **bold**.) Here are a few rules you should know:

German	sounds like	example	pronunciation
a	cup/f**a**ther	das/ Abend	das/**ah**bent
e	bed/h**ai**r	Bett/ Meer	bet/m**eh**r
o	not/r**oa**d	oft/rot	oft/r**oh**t
u	put/b**oo**t	Nummer/ gut	noommer/ g**oo**t
ai/ay	pie	Mai/ Mayer	my/my-er
au	now	Auto	owtoh
ei/ey	pie	eine/ Meyer	yn-e/my-er
eu	toy	neun	noyn
ie	keep	sie	zee
ch	lo**ch**	wach	va**kh**
j	yes	jagen	yahgen
qu	dar**k v**iolet	Quittung	**kv**ittoong

German	sounds like	example	pronunciation
s	dre**ss** di**zz**y **sh**ip	**es** **sie** **sprechen**	**es** **z**ee **sh**prekh-en
ß	jui**c**e	**Fuß**	foo**s**
th	**t**ea	**Theater**	**t**eh-ahter
v	**f**an	**von**	**f**on
w	**v**an	**wir**	**v**eer
z	pe**ts**	**Zimmer**	**ts**immer

Umlauts

German	sounds like	example	pronunciation
ä	b**e**d/h**ai**r	**hätte/spät**	h**e**t-e/shp**eh**t
äu	b**oy**	**läutet**	**loy**tet
ö	Arth**ur**/f**ur**	**können/ Höhe**	k**ur**'nen/ h**ur'**-e*
ü	d**u**ke/d**ue**	**dürfen/ Mühe**	d**ue**rfen/ m**ue**-e

* **ur'** as in *hurt* without the **r** pronounced

A final **e** is always pronounced, but weakly like the *e* in *the*: **Seide** (**zy**-de), **bitte** (**bit**-e).

An underline indicates a short vowel, e.g. **Mutter** (m**oo**tter), **Mörder** (m**ur**der), **Küste** (k**ue**ste).

If an **h** is added after the vowel, the sound is longer, e.g. **Tag** (t**ah**k), **Mädchen** (m**eh**t-khen), **Leben** (l**eh**ben), **hoch** (h**oh**kh).

Top ten tips

1. Germans may close doors more often than you are used to, but a closed door does not necessarily mean that the person cannot be disturbed. They are probably happy to receive you if you knock before entering.
2. If someone holds an academic title it's always polite to use it.
3. When introduced to an adult, address them by their title and surname until they suggest using first names.
4. If the person you are talking to sneezes, say '**Gesundheit**' (bless you!).
5. Shake hands when you get introduced to an adult.
6. In restaurants in general, wait until everyone is served before you dig in, and say '**Guten Appetit!**' before you start. The latter is not entirely necessary, but considered good form.
7. Always use the polite '**Sie**' form, except with friends and colleagues of your own age.

8 When asked '**Wie geht es Ihnen?**' you should respond by first thanking them, saying '**Danke, gut**'.

9 Answer the phone by using your surname: '**Bader, hallo**'; if you're at work, then follow this with the name of your company.

10 Sundays are sacred. It's the '**Ruhetag**' so you should be aware that noise is kept to a minimum.

Talking to people

Hello/goodbye, yes/no

When Germans meet they generally shake hands. The words for Mr and Mrs are **Herr** and **Frau**. Note that **Fräulein** (Miss) is no longer used, as it sounds rather patronizing.

Please/Don't mention it	**Bitte** **bit**-e
Thanks (very much)	**Danke schön** **dang**-ke shur'n
Yes	**Ja** yah
No	**Nein** nyn
OK!	**Ok!** o**kay**!
Sir/Mr	**Herr** her
Madam/Mrs/Ms	**Frau** frow
Miss (rarely used nowadays)	**Fräulein** **froy**lyn

Hello	**Guten Tag** **goo**ten **tahk**
Hi	**Hallo** **hah**loh, hal**loh**
Goodbye	**Auf Wiedersehen** owf **vee**der-zehn
Bye	**Tschüss** tshues
See you later	**Bis später** bis **shpeh**ter
See you tomorrow	**Bis morgen** bis **mor**gen
Good morning	**Guten Morgen** **goo**ten **mor**gen
Good evening	**Guten Abend** **goo**ten **ah**bent
Goodnight	**Gute Nacht** **goo**te **nakht**
Excuse me!/ Sorry!	**Entschuldigung!** ent**shool**di-g**oo**ng!
Pardon?	**Wie bitte?** vee **bit**-e?
How are you?	**Wie geht es Ihnen?** vee geht es **ee**nen?
Fine, thanks	**Danke, gut** **dang**-ke, **goot**
And you?	**Und Ihnen?** **oo**nt **ee**nen?

I don't speak German	**Ich spreche kein Deutsch** ikh **shpre**-khe kyn doytsh
Do you speak English?	**Sprechen Sie Englisch?** **shprekh**-en zee **eng**-lish?

Key phrases

You don't need to say complicated things to get what you want. Often simply naming the thing and adding **bitte** will do the trick.

the (masculine)	**der/den** dehr/dehn
(feminine)	**die** dee
(neuter)	**das** das
(plural)	**die** dee
the station	**der Bahnhof** dehr **bahn**-hohf
the shops	**die Geschäfte** dee ge**shef**-te
a/one (masculine)	**ein/einen** yn/**yn**-en
(feminine)	**eine** **yn**-e

(neuter)	**ein** yn
a ticket	**eine Fahrkarte** **yn**-e **fahr**kar-te
one stamp	**eine Briefmarke** **yn**-e **breef**mar-ke
a room	**ein Zimmer** yn **tsimm**er
one bottle	**eine Flasche** **yn**-e **flash**-e
some (uncountable)	**etwas...** **et**vas...
(countable)	**ein paar...** yn pahr...
some sugar	**etwas Zucker** **et**vas **tsoo**ker
some jam	**etwas Marmelade** **et**vas mar-me-**lah**-de
some cherries	**ein paar Kirschen** yn pahr **kir**shen
Do you have a room?	**Haben Sie ein Zimmer frei?** **hah**ben zee yn **tsimm**er fry?
Do you have some milk?	**Haben Sie etwas Milch?** **hah**ben zee **et**vas milkh?
I'd like...	**Ich möchte...** ikh **mur'kh**-te...
We'd like...	**Wir möchten...** veer **mur'kh**ten...

Some more...	**Etwas mehr...** **et**vas mehr...
Another...	**Noch ein/eine...** nokh yn/**yn**-e...
Some more bread	**Etwas mehr Brot** **et**vas mehr **broht**
Some more glasses	**Noch ein paar Gläser** nokh yn pahr **gleh**zer
Another coffee	**Noch einen Kaffee** nokh **yn**-en ka**feh**
Another beer	**Noch ein Bier** nokh yn beer
How much is it?	**Was kostet das?** vas **kos**tet das?
How much is the room?	**Was kostet das Zimmer?** vas **kos**tet das **tsimm**er?
large/small	**groß/klein** grohs/klyn
with/without	**mit/ohne** mit/**oh**-ne
Where is/are...?	**Wo ist/sind...?** vo ist/zint...?
the nearest...	**der/die/das nächste...** dehr/dee/das **neh**-kste...
How do I get...?	**Wie komme ich...?** vee **kom**-e ikh...?
to the station	**zum Bahnhof** tsoom **bahn**-hohf

to the bar	**zur Bar** tsoor bar
to Berlin	**nach Berlin** nahkh ber**leen**
There is/are...	**Es gibt...** es gipt...
There isn't/ aren't any...	**Es gibt keine...** es gipt **kyn**-e...
When...?	**Wann...?** van...?
At what time...?	**Um wie viel Uhr...?** oom vee feel oo-er...?
today	**heute** **hoy**-te
tomorrow	**morgen** **mor**gen
Can I...?	**Kann ich...?** kan ikh...?
smoke here	**hier rauchen** heer **row**-khen
taste it	**es probieren** es pro-**beer**-ren

Signs and notices

Eingang	entrance
Ausgang	exit
geöffnet	open
geschlossen	closed
heiß	hot
kalt	cold
Trinkwasser	drinking water
ziehen	pull
drücken	push
rechts	right
links	left
bitte...	please...
zum Mitnehmen	take-away
frei	free, vacant
besetzt	engaged
Selbstbedienung	self-service
Herren	gents
Damen	ladies
außer Betrieb	out of order

Kasse	cash desk
Baden verboten	no bathing
zu vermieten	for hire/to rent
zu verkaufen	for sale
Ausverkauf	sale
Untergeschoss	basement
Erdgeschoss	ground floor
Aufzug	lift
klingeln	ring
drücken	press
privat	private
Zimmer frei	rooms available
belegt	no vacancies
Notausgang	emergency exit
Fahrkarten	tickets
zu den Zügen	to the trains
bitte wählen Sie	please select
zahlbar mit	pay with
Reisezentrum	travel centre
Fahrkarte entwerten	validate your ticket
Gepäckaufbewahrung	left luggage
Fahrplan	timetable

Abfahrt (AB)	departure
Ankunft (AN)	arrival
Gleis	platform
Raucher	smoking
Rauchen verboten	no smoking

Polite expressions

There are two forms of address in German, formal (**Sie**) and informal (**du**). You should always stick to the formal until you are invited to **duzen** (to use the informal **du**).

The meal was delicious	**Das Essen war köstlich** das **ess**en var **kur'st**likh
Thank you very much	**Vielen Dank** **fee**len dank
You are very kind	**Das ist sehr nett von Ihnen** das ist zehr net fon **ee**nen
Delighted to meet you	**Freut mich, Sie kennenzulernen** froyt mikh, zee **kenn**en-tsoo-**ler**nen

Celebrations

I'd like to wish you...	**Ich wünsche Ihnen/dir...** ikh **vuen**-she **ee**nen/deer...
Merry Christmas!	**Frohe Weihnachten!** **froh**-e **vy**-nakhten!
Happy New Year!	**Ein frohes neues Jahr!** yn **froh**-es **noy**-es yahr!
All the best!	**Alles Gute!** **al**-es **goo**-te!
Happy birthday!	**Herzlichen Glückwunsch zum Geburtstag!** **herts**-likhen **gluek**-voonsh tsoom ge-**boorts**-tahk!
Have a good trip!	**Gute Reise!** **goo**-te **ry**-ze!
Cheers!	**Prost!** or **Prosit!** prohst/**proh**zit!
To your health!	**Zum Wohl!** tsoom vohl!

Making friends

We have used the informal **du** form for these conversations.

FACE TO FACE

Wie heißt du?
vee hyst doo?
What's your name?

Ich heiße...
ikh **hy**-se...
My name is...

Woher kommst du?
voh-**her** komst doo?
Where are you from?

Ich komme aus Großbritannien
ikh **kom**-e ows grohs-bri-**ta**-ni-en
I'm British (I come from Britain)

Sehr erfreut!
zehr er**froyt**!
Pleased to meet you!

How old are you?	**Wie alt bist du?** vee alt bist doo?
I'm ... years old	**Ich bin ... Jahre alt** ikh bin ... **yah**-re alt
Where do you live?	**Wo wohnst du?** voh vohnst doo?
Where do you live? (plural)	**Wo wohnt ihr?** voh vohnt eer?
I live in London	**Ich wohne in London** ikh **voh**-ne in **lon**don
We live in Glasgow	**Wir wohnen in Glasgow** veer **voh**nen in **glahs**goh

England/ English	**England/englisch** **eng**lant/**eng**lish
Scotland/ Scottish	**Schottland/schottisch** **shot**lant/**shot**ish
Wales/Welsh	**Wales/walisisch** wehlz/va**lee**zish
Ireland/Irish	**Irland/irisch** **ir**lant/**eer**ish
USA/American	**die USA/amerikanisch** dee oo-es-**ah**/amehri**kahn**ish
Australia/ Australian	**Australien/australisch** ow**strah**-li-en/ow**strah**lish
I'm still studying	**Ich studiere noch** ikh shtoo-**deer**-re nokh
I work	**Ich arbeite** ikh **ar**by-te
I'm retired	**Ich bin pensioniert** ikh bin penzio-**neert**
I'm...	**Ich bin...** ikh bin...
(not) married	**(nicht) verheiratet** (nikht) fer-**hy**-rahtet
divorced	**geschieden** ge-**shee**den
a widow(er)	**Witwe(r)** **vit**-ve(r)
I have.../ no children	**Ich habe.../keine Kinder** ikh **hah**-be.../**kyn**-e **kin**der

I'm here on holiday	**Ich bin hier auf Urlaub** ikh bin heer owf **oor**lowp
I'm here on business	**Ich bin geschäftlich hier** ikh bin ge**sheft**likh heer
What work do you do?	**Was machen Sie beruflich?** vas **makh**en zee be-**roof**likh?
Do you enjoy it?	**Macht es Ihnen Spaß?** makht es **ee**nen shpahs?
I'm...	**Ich bin...** ikh bin...
a teacher	**Lehrer(in)** **leh**rer(in)
a manager	**Manager(in)** **men**-ed-zher(in)
I'm self-employed	**Ich bin selbstständig** ikh bin **zelbst**-shten-dikh

Weather

sonnig **zonn**ikh	sunny
heiter **hy**ter	fair
bewölkt be-**vur'lkt**	cloudy
regnerisch **rehg**-nerish	showery
Gewitter ge**vitt**er	thunderstorms

windig **vin**dikh	windy
trocken **trokk**en	dry

What is the weather forecast?	**Wie ist der Wetterbericht?** vee ist dehr **vett**er-berikht?
It's sunny	**Es ist sonnig** es ist **zonn**ikh
It's raining	**Es regnet** es **rehg**net
It's snowing	**Es schneit** es shnyt
It's windy	**Es ist windig** es ist **vin**dikh
What a lovely day!	**Was für ein herrlicher Tag!** vas fuer yn **her**-likh-er tahk!
What awful weather!	**Was für ein Mistwetter!** vas fuer yn **mist**vetter!
What will the weather be like tomorrow?	**Wie wird das Wetter morgen?** vee virt das **vett**er **mor**gen?
It's very hot/ cold	**Es ist sehr heiß/kalt** es ist zehr hys/kalt

Getting around

Asking the way

gegenüber **geh**gen-**ue**ber	opposite
neben **neh**ben	next to
in der Nähe von in dehr **neh**-e fon	near to
die Ampel dee **am**pel	traffic lights
an der Ecke an dehr **ek**-e	at the corner

FACE TO FACE

Entschuldigung! Wie komme ich zum Bahnhof?
ent**shool**di-goong! vee **kom**-e ikh tsoom **bahn**-hohf?
Excuse me! How do I get to the station?

Immer geradeaus. Biegen Sie links ab nach der Kirche
immer grah-de-**ows**. **bee**gen zee links ap nahkh dehr **kir**-khe
Straight on. Turn left after the church

Ist es weit?
ist es vyt?
Is it far?

Nein, fünf Minuten
nyn, fuenf mi**noo**ten
No, five minutes

We're looking for...	**Wir suchen...** veer **zoo**-khen...
Can I walk there?	**Kann ich dahin laufen?** kan ikh da**hin low**fen?
Is this the right way to...?	**Bin ich hier richtig zum/zur/nach...?** bin ikh heer **rikh**-tikh tsoom/tsoor/nahkh...?
How do I get onto the motorway?	**Wie komme ich zur Autobahn?** vee **kom**-e ikh tsoor **ow**toh-bahn?
Can you show me on the map?	**Können Sie mir das auf der Karte zeigen?** **kur'**nen zee meer das owf dehr **kar**-te **tsy**gen?

Bus and coach

If you are using public transport, you can buy a multiple ticket – **eine Mehrfahrtenkarte**. You have to validate it either on board the bus/tram/underground or at the bus stop. Other options are **eine Touristenkarte** (tourist pass) or **eine Familienkarte** (family ticket). Public transport is free for children under 6. Children between 6 and

14 pay half price. The ticketing systems of public transport vary greatly. In some cities, you have to stamp the ticket before boarding trains, trams and buses. In others, the ticket is immediately validated by the ticket machine.

FACE TO FACE

Entschuldigung, gibt es einen Bus nach Bonn?
ent**shool**di-goong, gipt es **yn**-en boos nahkh bon?
Excuse me, is there a bus to Bonn?

Ja, die Nummer 15
yah, dee noommer **fuenf**-tsehn
Yes, number 15

Wo fährt der Bus ab?
voh fehrt dehr boos ap?
Where does the bus leave from?

Neben dem Museum
nehben dehm moo-**zeh**-oom
Next to the museum

Wo kann ich Fahrscheine kaufen?
voh kann ikh **fahr**-shyn-e **kow**fen?
Where can I buy tickets?

Im Bus
im boos
On the bus

How much is it to...?	**Was kostet es bis zum/zur/ nach...?** vas **kos**tet es bis tsoom/tsoor/ nahkh...?

How often are the buses/trams to...?	**Wie oft fahren die Busse/ Straßenbahnen zum/zur/ nach...?** vee oft **fah**ren dee **boos**-e/ **shtrah**-sen-bahnen tsoom/ tsoor/nahkh...?
Please tell me when to get off	**Sagen Sie mir bitte, wann ich aussteigen muss** **zah**gen zee meer **bit**-e, van ikh **ows**-shtygen moos
A child's ticket	**Eine Kinderfahrkarte** **yn**-e **kin**der-**fahr**kar-te
This is my stop	**Das ist meine Haltestelle** das ist **myn**-e **hal**-te-shtel-e
coach	**der Reisebus** dehr **ry**-ze-boos
shuttle bus	**der Shuttlebus** der **sha**-tel-boos

Metro

Most German cities operate an integrated transport system. Tickets cover bus, **U-Bahn** (metro) and **S-Bahn** (suburban trains). One option is **eine Tageskarte** (day pass). This allows you to use all transport within city limits from time of purchase until end of service. If you are travelling in a group, **eine Gruppenfahrkarte** (group ticket) is a good option for up to 5 people.

Where is the nearest metro station?	**Wo ist die nächste U-Bahn-Haltestelle?** voh ist dee **neh**-kste **oo**-bahn-**hal**-te-shtel-e?
How does the ticket machine work?	**Wie funktioniert der Automat?** vee foonk-tsio-**neert** dehr owtoh-**maht**?
How do I get to...?	**Wie komme ich nach...?** vee **kom**-e ikh nahkh...?
Do I have to change?	**Muss ich umsteigen?** moos ikh **oom**-shtygen?
Where?	**Wo?** voh?
Which line is it for...?	**Welche Linie fährt nach...?** **vel**-khe **lee**-nee-e fehrt nahkh...?
In which direction?	**In welche Richtung?** in **vel**-khe **rikh**-toong?
What is the next stop?	**Was ist der nächste Halt?** vas ist dehr **neh**-kste halt?

YOU MAY HEAR...

Für welche Zonen? fuer **vel**-khe **tsoh**nen?	For which zones?
Für die Innenstadt? fuer dee **in**-en-shtat?	For the city centre?

Train

The **ICE** (Intercity Express) trains connect major German cities as well as those in other countries. They cost more than the slower **IC** (Intercity) or **Regionalbahnen** (regional trains). If you are not pressed for time, a cheap alternative to direct routes are **das Deutschlandticket** or **das Wochenendticket** (weekend pass). They allow you to use all intercity trains and **S-Bahnen** (suburban trains). The ticket and information offices are marked **Reisezentrum**.

der Bahnhof dehr **bahn**-hohf	station
der Hauptbahnhof (Hbf) dehr **howpt**-bahn-hohf	main station
der Fahrplan dehr **fahr**plahn	timetable
die Abfahrt dee **ap**fahrt	departure
die Ankunft dee **an**koonft	arrival
das E-Ticket das **ee**-tikket	e-ticket
die Online-Buchung dee **on**lyn-**boo**khoong	e-booking

Getting around

Getting around

FACE TO FACE

Zwei Rückfahrkarten nach Berlin, bitte
tsvy **ruek**-fahr-kahrten nahkh ber-**leen**, **bit**-e
Two return tickets to Berlin, please

Dreißig Euro, bitte
dry-sikh **oy**roh, **bit**-e
Thirty euros, please

Wann geht der nächste Zug?
van geht dehr **neh**-kste tzook?
When is the next train?

Um zehn Uhr
oom tsehn oo-er
At 10 o'clock

A single to...	**Einmal einfach nach...** **yn**-mahl **yn**-fakh nahkh...
When does it arrive in...?	**Wann kommt er in ... an?** van komt ehr in ... an?
Do I need to change?	**Muss ich umsteigen?** moos ikh **oom**-shtygen?
Where?	**Wo?** voh?
Which platform does it leave from?	**Von welchem Bahnsteig fährt er ab?** fon **vel**-khem **bahn**-shtyk fehrt ehr ap?
Is this the train for...?	**Ist das der Zug nach...?** ist das dehr tsook nahkh...?

When will it leave?	**Wann fährt er ab?** van fehrt ehr ap?
Does the train stop at...?	**Hält der Zug in...?** helt dehr tsook in...?
Please let me know when we get to...	**Bitte sagen Sie mir, wenn wir in ... ankommen** **bit**-e **zah**gen zee meer, ven veer in ... **an**kommen
Is this free? (seat)	**Ist hier noch frei?** ist heer nokh fry?
This is my seat	**Das ist mein Platz** das ist myn plats
I booked online	**Ich habe online gebucht** ikh **hah**-be **on**lyn ge-**bookht**

YOU MAY HEAR...	
Fahrscheine bitte **fahr**-shy-ne **bit**-e	Tickets please
Ist jemand zugestiegen? ist **yeh**mant **tsoo**-ge-shteegen	Any passengers who have just boarded the train?

Taxi

In Germany it is practically impossible to flag down a taxi in the street. You have to find a taxi rank, **Taxistand**, or phone for a taxi. Taxis are marked with a sign on top of the vehicle. Call **22456** from a mobile phone to be put through to a taxi service close by. Restaurants and hotels are usually happy to help you call a taxi if you need one.

I want a taxi	**Ich hätte gern ein Taxi** ikh **het**-e gern yn **ta**xi
Where can I get a taxi?	**Wo bekomme ich hier ein Taxi?** voh be-**kom**-e ikh heer yn **ta**xi?
Can you order me a taxi?	**Könnten Sie mir ein Taxi bestellen?** **kur'n**ten zee meer yn **ta**xi be-**shtell**en?
straightaway	**sofort** zoh**fort**
for (time)	**für ... Uhr** fuer ... oo-er
My name is...	**Ich heiße...** ikh **hy**-se...
The address is...	**Die Adresse ist...** dee a-**dres**-e ist...
How much is it...?	**Was kostet die Fahrt...?** vas **kos**tet dee fahrt...?
to the centre	**ins Zentrum** ins **tsen**troom
to the station	**zum Bahnhof** tsoom **bahn**-hohf
to the airport	**zum Flughafen** tsoom **flook**-hahfen

to this address	**zu dieser Adresse** tsoo **dee**zer a-**dres**-e
I need a receipt	**Ich brauche eine Quittung** ikh **brow**-khe **yn**-e **kvitt**oong

Boat and ferry

When is the next boat/the next ferry to...?	**Wann fährt das nächste Schiff/die nächste Fähre nach ... ab?** van fehrt das **neh**-kste shif/ dee **neh**-kste **feh**-re nahkh ... ap?
Is there a timetable?	**Gibt es einen Fahrplan?** gipt es **yn**-en **fahr**-plahn?
Is there a car ferry to...?	**Gibt es eine Autofähre nach...?** gipt es **yn**-e **ow**toh-feh-re nahkh...?
How much is...?	**Was kostet...?** vas **kos**tet...?
a single	**die einfache Fahrt** dee **yn**-fakh-e fahrt
a return	**eine Rückfahrkarte** **yn**-e **ruek**-fahr-kar-te
a group ticket	**eine Gruppenkarte** **yn**-e **groo**-pen-kar-te
How much is it for a car and ... people?	**Was kostet es für ein Auto mit ... Personen?** vas **kos**tet es fuer yn **ow**toh mit ... per-**zoh**nen?

When is the first/last boat?	**Wann geht das erste/letzte Schiff?** van geht das **ehr**-ste/**lets**-te shif?

YOU MAY HEAR...	
Wollen Sie heute noch zurück? **vol**len zee **hoy**-te nokh tsoo**ruek**?	Do you want to come back today?

Air travel

Germany's major airports are Flughafen **Frankfurt am Main**, Flughafen **München** ('Franz-Josef-Strauß') and Flughafen **Berlin-Tegel** ('Otto Lilienthal'), which will be replaced in 2017 by Flughafen **Berlin Brandenburg** ('Willy Brandt'). Note that the politicians' names are hardly ever used when referring to these airports; the city's name is enough.

To the airport, please	**Zum Flughafen, bitte** tsoom **flook**-hahfen, **bit**-e
Is there an airport bus to the city centre?	**Gibt es einen Airport-Bus zum Stadtzentrum?** gipt es **yn**-en **air**port-boos tsoom **shtat**-tsentroom?
checked luggage	**das aufgegebene Gepäck** das **owf**-ge-geh-be-ne ge**pek**

Getting around

hand luggage	**das Handgepäck** das **hant**-ge**pek**
Where do I check in for (airline)?	**Wo ist der Check-in für...?** voh ist dehr **check**-in fuer...?
Which is the departure gate for the flight to...?	**Welches Gate hat der Flug nach...?** **vel**-khes geht hat dehr flook nahkh...?
Where is the luggage for the flight from...?	**Wo ist das Gepäck vom Flug aus...?** voh ist das ge**pek** fom flook ows...?
Where can I print my ticket?	**Wo kann ich mein Ticket ausdrucken?** voh kan ikh myn **tik**ket **ows**drooken?
I have my boarding pass on my smartphone	**Ich habe meine Bordkarte auf meinem Smartphone** ikh **hah**-be **my**-ne **bort**kar-te owf **myn**-em **smart**fohn

YOU MAY HEAR...

Boarding ist am Gate Nummer... **bor**ding ist am geht **noo**mmer...	Boarding will take place at gate number...
Gehen Sie sofort zu Gate Nummer... **geh**en zee zoh**fort** tsoo geht **noo**mmer...	Go immediately to gate number...

Ihr Flug hat Verspätung eer flook hat fer- **shpeh**toong	Your flight is delayed
Keine Flüssigkeiten **kyn**-e **floo**sikh-kyten	No liquids
Haben Sie irgendwelche Flüssigkeiten dabei? **hah**ben zee **i**rgent-vel-khe **flue**-sikh-**ky**ten dah-**by**	Are you carrying any liquids?
Haben Sie einen Laptop oder ein Tablet dabei? **hah**ben zee **yn**-en **lap**top **oh**de yn **tab**let dah-**by**	Are you carrying a laptop or tablet?
Bitte nehmen Sie ihn/es aus der Tasche **bit**-e **neh**men zee een/es ows dehr **tash**-e	Please take it out of your bag
Ihr Gepäck überschreitet das Höchstgewicht eer ge**pek** ueber-**shry**tet das **hur'kst**-ge**vikht**	Your luggage exceeds the maximum weight

Getting around

Customs control

With the Single European Market, European Union (EU) citizens are subject only to spot checks and can go through the blue or green customs channel when arriving from another EU country.

die Passkontrolle dee **pas**-kontroll-e	passport control
der Zoll dehr tsoll	customs

I have a visa — **Ich habe ein Visum** ikh **hah**-be yn **vee**zoom

Car hire

Most companies hire cars to anyone who is 18 or over, but may charge extra for drivers under 21. Some also have restrictions when it comes to certain types of cars, such as sports cars. You may be required to have held your licence for a certain amount of time.

der Führerschein dehr **fuer**-rer-shyn	driving licence

die Teilkaskoversicherung dee tyl-**kas**koh-fer**zikh**er-roong	partially comprehensive insurance
die Vollkaskoversicherung dee fol-**kas**-koh-fer**zikh**er-roong	comprehensive insurance

I want to hire a car	**Ich möchte ein Auto mieten** ikh **mur'kh**-te yn **ow**toh **mee**ten
for one day	**für einen Tag** fuer **yn**-en tahk
for ... days	**für ... Tage** fuer ... **tah**-ge
How much is the car...?	**Was kostet das Auto...?** vas **kos**tet das **ow**toh...?
per day	**pro Tag** proh tahk
per week	**pro Woche** proh **vokh**-e
How much is the deposit?	**Wie hoch ist die Kaution?** vee hohkh ist dee kow-**tsiohn**?
Is there a kilometre charge?	**Verlangen Sie eine Kilometergebühr?** fer**lang**en zee **yn**-e kiloh-**meh**ter-gebuer?

What is included in the insurance?	**Was ist alles in der Versicherung inbegriffen?** vas ist **al**-es in dehr fer**zikh**er-roong **in**begriffen?
Must I return the car here?	**Muss ich das Auto hierher zurückbringen?** moos ikh das **ow**toh **heer**-hehr tsoo**ruek**-bringen?
By what time?	**Bis wann?** bis van?
I'd like to leave it in...	**Ich würde es gern in ... abgeben** ikh **vuer**-de es gern in ... **ap**gehben
What do I do if I...?	**Was mache ich...?** vas **makh**-e ikh...?
break down	**bei einer Panne** by **yn**-er **pan**-e
have an accident	**bei einem Unfall** by **yn**-em **oon**fall

YOU MAY HEAR...	
Bitte bringen Sie das Auto voll betankt zurück **bit**-e **bring**en zee das **ow**toh fol be-**tankt** tsoo**ruek**	Please return the car with a full tank

Driving

The speed limits in Germany are 50 km/h in built-up areas and 100 km/h on ordinary roads. There is no speed restriction on motorways, though 130 km/h is recommended. Be careful though: some sections do have restrictions and these are signposted. Most cities have controlled parking areas: watch out for **Zone** signs. You cannot park within these zones.

Is this the road to...?	**Ist das die Straße nach...?** ist das dee **shtrah**-se nahkh...?
Which junction is it for...?	**Welche Anschlussstelle führt nach...?** **vel**-khe **an**shloos-shtel-e fuert nahkh...?
Can I park here?	**Kann ich hier parken?** kan ikh heer **par**ken?
How long for?	**Für wie lange?** fuer vee **lang**-e?

Petrol

Most petrol stations are self-service. Petrol is more expensive at motorway service stations. An **Autohof** or **Rasthof** (a truck stop) is a cheaper alternative. These do not have their own motorway exit but are situated a little further away from the motorway and reached by a regular exit. They usually have fairly good restaurant options for the likes of a motorway service station, better than those found at a **Raststätte**.

das Benzin das ben**tseen**	petrol
das Öl das ur'l	oil
das Super das **zoo**per	standard unleaded
das Super Plus das **zoo**per ploos	super unleaded

Is there a petrol station near here?	**Ist hier in der Nähe eine Tankstelle?** ist heer in dehr **neh**-e **yn**-e **tank**-shtel-e?
Fill it up, please	**Voll tanken, bitte** fol **tang**ken, **bit**-e
Please check the oil/the water/ the tyre pressure	**Bitte überprüfen Sie das Öl/ das Wasser/ den Reifendruck** **bit**-e ueber-**prue**fen zee das ur'l/ das **vass**er/dehn **ry**fen-drook/

...euros worth of standard unleaded	**Für ... Euro Super bitte** fuer ... **oy**ro **zoo**per **bit**-e
Pump number...	**Säulennummer...** **zoy**-len-**noomm**er...

YOU MAY HEAR...	
Welche Säule? **vel**-khe **zoy**-le?	Which pump?

Breakdown

If you break down on a German motorway, by law you should place a warning triangle 100 metres behind your vehicle. The main breakdown company is the **ADAC (Allgemeiner Deutscher Automobil-Club)**. If you need help, their emergency number is **22 22 22**.

I've got a flat tyre	**Ich habe einen Platten** ikh **hah**-be **yn**-en **plat**-en
My car has broken down	**Ich habe eine Autopanne** ikh **hah**-be **yn**-e **ow**toh-pan-e
The car won't start	**Das Auto springt nicht an** das **ow**toh shpringt nikht an
I've run out of petrol	**Ich habe kein Benzin mehr** ikh **hah**-be kyn ben**tseen** mehr

Is there a garage near here?	**Ist eine Werkstatt in der Nähe?** ist **yn**-e **verk**shtat in dehr **neh**-e?
Can you tow me to the nearest garage?	**Könnten Sie mich bis zur nächsten Werkstatt abschleppen?** **kur'n**ten zee mikh bis tsoor **neh**-ksten **verk**shtat **ap**shleppen?

Car parts

The ... doesn't work	**Der/Die/Das ... funktioniert nicht** dehr/dee/das ... foonk-tsio-**neert** nikht
The ... don't work	**Die ... funktionieren nicht** dee ... foonk-tsio-**neer**-ren nikht

accelerator	**das Gaspedal**	**gahs**-pedahl
battery	**die Batterie**	ba-te-**ree**
brakes	**die Bremsen**	**brem**zen
central locking	**die Zentralverriegelung**	tsen**trahl**-fer-**ree**-geloong
choke	**der Choke**	chohk
clutch	**die Kupplung**	**koop**loong
distributor	**der Verteiler**	fer**ty**ler
engine	**der Motor**	moh**tor**

exhaust pipe	**das Auspuffrohr**	**ows**poof-rohr
fanbelt	**der Keilriemen**	**kyl**reemen
fuse	**die Sicherung**	**zikh**er-roong
gears	**das Getriebe**	ge**tree**-be
handbrake	**die Handbremse**	**hant**-brem-ze
headlights	**die Scheinwerfer**	**shyn**-verfer
heating	**die Heizung**	**hyt**soong
ignition	**die Zündung**	**tsuen**doong
indicator	**der Blinker**	**bling**ker
points	**der Unterbrecher**	oonter-**brekh**-er
radiator	**der Kühler**	**kue**ler
rear lights	**das Rücklicht**	**ruek**likht
seat belt	**der Sicherheitsgurt**	**zikh**er-hyts-goort
spare wheel	**das Ersatzrad**	er**zats**-raht
spark plugs	**die Zündkerzen**	**tsuent**-kertsen
steering	**die Lenkung**	**leng**-koong
tyre	**der Reifen**	**ry**fen
wheel	**das Rad**	raht
windscreen	**die Windschutz-scheibe**	**vint**-shoots-shy-be
windscreen wiper	**der Scheiben-wischer**	**shy**ben-visher

Road signs

sliding danger

road toll

police station

one way

emergency phone

North

West

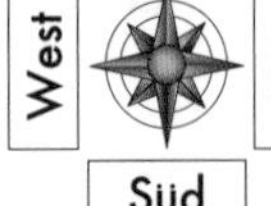

East

South

bus stop

customs post

speed limits in
Germany are in km/h

Ausfahrt

exit

Berlin 2

directions to Autobahn

Umleitung

detour approach

Staying somewhere

Hotel (booking)

FACE TO FACE

Ich möchte ein Einzel-/Doppelzimmer (buchen)
ikh **mur'kh**-te yn **yn**tsel-/**dop**pel-**tsimm**er (**boo**-khen)
I'd like (to book) a single/double room

Für wie viele Nächte?
fuer vee **fee**-le **nekh**-te?
For how many nights?

Wir möchten ... Nächte bleiben
veer **mur'kh**ten ... **nekh**-te **bly**ben
We'd like to stay ... nights

Wie heißen Sie, bitte?
vee **hy**-sen zee **bit**-e?
What is your name, please?

How much is it?	**Was kostet es?** vas **kos**tet es?
per night	**pro Nacht** proh nakht

per week	**pro Woche** proh **vokh**-e
a twin room	**ein Zweibettzimmer** yn **tsvy**-bet-tsimmer
with bath	**mit Bad** mit baht
with shower	**mit Dusche** mit **doo**-she
with a cot	**mit ein em Kinderbett** mit **yn**-em **kin**derbet
How much is...?	**Was kostet...?** vas **kos**tet...?
half board	**Halbpension** **halp**-penziohn
full board	**Vollpension** **fol**-penziohn
Do you have any bedrooms on the ground floor?	**Haben Sie Zimmer im Erdgeschoss?** **hah**ben zee **tsimm**er im **ert**-geshos?
I'll arrive at ... o'clock	**Ich komme um ... Uhr an** ikh **kom**-e oom ... oo-er an

YOU MAY HEAR...

Wir sind ausgebucht veer zint **ows**-gebookht	We're full
Für wie viele Nächte? fuer vee **fee**-le **nekh**-te?	For how many nights?

Staying somewhere

Bitte bestätigen Sie... **bit**-e be-**shteh**ti-gen zee...	Please confirm...
per E-Mail per **ee**-mehl	by e-mail
telefonisch tele**fohn**ish	by phone
Wann kommen Sie an? van **komm**en zee an?	What time will you arrive?
Wir brauchen Ihre Kreditkartennummer veer **brow**-khen **eer**-re kre**dit**-karten-noommer	We need your credit card number

Hotel desk

A **Gasthof** is usually a pub or wine bar with a few guestrooms. They are generally good value. Most hotels in Germany now offer free Wi-Fi, but it is best to check in advance to make sure.

Have you any vacancies?	**Haben Sie Zimmer frei?** **hah**ben zee **tsimm**er fry?
for tonight	**für heute Nacht** fuer **hoy**-te nakht
for 2 nights	**für zwei Nächte** fuer tsvy **nekh**-te
Where can I park the car?	**Wo kann ich mein Auto parken?** voh kan ikh myn **ow**toh **par**ken?

What time is...?	**Wann gibt es...?** van gipt es...?
dinner (evening)	**Abendessen** **ah**bent-essen
breakfast	**Frühstück** **frue**shtuek
The key, please	**Den Schlüssel, bitte** dehn **shluess**el, **bit**-e
Room number...	**Zimmer** (number) **tsimm**er...
Where is the lift?	**Wo ist der Aufzug?** voh ist dehr **owf**tsook?
Do you have toilets with wheelchair access?	**Haben Sie barrierefreie Toiletten?** **hah**ben zee bari-**eh**-re-fry-e twa-**let**ten?
I reserved the room/the rooms online	**Ich habe das Zimmer/die Zimmer online reserviert** ikh **hah**-be das **tsimm**er/dee **tsimm**er **on**lyn re-zer-**vee**-ert
Does the price include breakfast?	**Ist das Frühstück im Preis inbegriffen?** ist das **frue**shtuek im prys **in**begriffen?
Is there a hotel restaurant/bar?	**Gibt es ein Hotelrestaurant/ eine Hotelbar?** gipt es yn ho**tel**-restoh-**rant**/ **yn**-e ho**tel**bar?

Camping

Information about campsites and their charges is generally available from local tourist offices.

Do you have any vacancies?	**Haben Sie noch Plätze frei?** **hah**ben zee nokh **plet**-se fry?
We'd like to stay for ... nights	**Wir möchten ... Nächte bleiben** veer **mur'kh**ten ... **nekh**-te **bly**ben
How much is it per night...?	**Was kostet die Nacht...?** vas **kos**tet dee nakht...?
for a tent	**pro Zelt** proh tselt
per person	**pro Person** proh per**zohn**
Are showers...	**Ist Duschen...** ist **doo**shen...
Is hot water...	**Ist Heißwasser...** ist hys-**vass**er...
Is electricity...	**Ist Strom...** ist shtrohm...
...included in the price?	**...im Preis inbegriffen?** ...im prys **in**begriffen?
Is there a restaurant?	**Gibt es ein Restaurant?** gipt es yn restoh-**rant**?
Is there a shop?	**Gibt es einen Laden?** gipt es **yn**-en **lah**den?

Self-catering

Who do we contact if there are problems?	**An wen können wir uns wenden, wenn wir ein Problem haben?** an **vehn kur'**nen veer oonts **ven**den ven veer yn prob**lehm** **hah**ben?
How does the heating work?	**Wie funktioniert die Heizung?** vee foonk-tsio-**neert** dee **hyt**soong?
Where is the nearest supermarket?	**Wo ist der nächste Supermarkt?** voh ist dehr **neh**-kste **zoo**permarkt?
Is there always hot water?	**Gibt es immer Heißwasser?** gipt es **imm**er **hys**-vasser?
Where do we leave the rubbish?	**Wo sollen wir den Müll entsorgen?** voh **zoll**en veer dehn muel ent**zor**gen?
recycling	**das Recycling** das ri-**sy**kling

Recycling in Germany is taken very seriously. Bins are colour-coded according to what can be put into them: brown is for biodegradable material, blue for paper, black for general waste and yellow for any packaging carrying the recycling symbol.

Shopping

Shopping phrases

Queuing is taken quite casually in Germany. There are often several counters and multiple queues. You may end up being served much later than somebody else, even though you arrived earlier. It is impolite to jump a queue, but there are places where people do not stand in line, such as bus stations.

der Ausverkauf dehr **ows**ferkowf	sale
das Stück das shtuek	single item

It's too expensive for me	**Das ist mir zu teuer** das ist meer tsoo **toy**er
Do you have...?	**Haben Sie...?** **hah**ben zee...?
Where is the nearest...?	**Wo ist der/die/das nächste...?** voh ist dehr/dee/das **neh**-kste...?

How do I get to the main shopping area?	**Wie komme ich zum Einkaufsviertel?** vee **kom**-e ikh tsoom **yn**-kowfs-**feer**tel?
Which floor are shoes on?	**Auf welchem Stockwerk sind die Schuhe?** owf **vel**-khem **shtok**verk zint dee **shoo**-e?
Have you anything else?	**Haben Sie noch etwas anderes?** **hah**ben zee nokh **et**vas **an**-der-res?

YOU MAY HEAR...

Kann ich Ihnen helfen? kan ikh **ee**nen **hel**fen?	Can I help you?
Darf es sonst noch etwas sein? darf es zonst nokh **et**vas zyn?	Would you like anything else?

Shops

Most large shops in Germany are open all day, from about 9 a.m. to 8 p.m. Monday to Saturday. Supermarkets open a little earlier, around 8 a.m., and bakeries around 7 a.m. Normally, shops are closed on Sundays.

baker's	**die Bäckerei**	bek-e-**ry**
bookshop	**die Buchhandlung**	**bookh**-hantloong
butcher's	**die Fleischerei**	fly-she-**ry**
cake shop	**die Konditorei**	kon-di-toh-**ry**
clothes	**die Kleidung**	**kly**doong
department store	**das Warenhaus**	**vah**ren-hows
dry-cleaner's	**die Reinigung**	**ry**nigoong
gifts	**Geschenkartikel**	ge**shenk**-artikel
greengrocer's	**der Gemüseladen**	ge**mue**-ze-**lah**den
grocer's	**der Lebensmittel-laden**	**leh**benz-mittel-**lah**den
hairdresser's	**der Friseur**	free**zur**
hardware	**der Baumarkt**	**bow**-markt
health food shop	**das Reformhaus**	re**form**-hows
household goods	**Haushalts-waren**	**hows**-halts-vahren
jeweller's	**der Juwelier**	yoo-ve-**leer**
market	**der Markt**	markt
pharmacy	**die Apotheke**	apo-**teh**-ke
self-service	**Selbstbedienung**	**zelpst**-be**dee**noong
shoe shop	**das Schuhgeschäft**	**shoo**-ge**sheft**

shop	**der Laden**	**lah**den
souvenir shop	**der Souvenirladen**	dehr soo-ve**neer**-lahden
sports shop	**das Sportgeschäft**	**shport**-ge**sheft**
stationer's	**die Schreibwaren-handlung**	**shryp**-vahren-**hant**loong
supermarket	**der Supermarkt**	**zoo**permarkt
tobacconist's	**der Tabakladen**	**tab**ak-**lah**den
toy shop	**der Spielwaren-laden**	**shpeel**-vahren-**lah**den

Food (general)

biscuits	**die Kekse**	**kehk**-se
bread	**das Brot**	broht
bread (brown)	**das Vollkornbrot**	**fol**korn-broht
bread roll	**das Brötchen**	**brur't**-khen
butter	**die Butter**	**boott**er
cheese	**der Käse**	**keh**-ze
coffee (instant)	**der Instantkaffee**	instant-ka**feh**
cream	**die Sahne**	**zah**-ne
crisps	**die Chips**	chips
eggs	**die Eier**	**y**-er
flour	**das Mehl**	mehl

ham	**der Schinken**	**shing**ken
herbal tea	**der Kräutertee**	**kroy**ter-teh
honey	**der Honig**	**hoh**nikh
jam	**die Marmelade**	mar-me-**lah**-de
margarine	**die Margarine**	marga-**ree**-ne
marmalade	**die Orangen-marmelade**	o**ran**zhen-mar-me-**lah**-de
milk	**die Milch**	milkh
mustard	**der Senf**	zenf
oil	**das Öl**	ur'l
orange juice	**der Orangensaft**	o**ran**zhen-zaft
pasta	**die Nudeln**	**noo**deln
pepper	**der Pfeffer**	**pfeff**er
rice	**der Reis**	rys
salt	**das Salz**	zalts
sausage	**die Wurst**	voorst
stock cube	**der Suppenwürfel**	**zoopp**en-vuerfel
sugar	**der Zucker**	**tsoo**ker
sweetener	**der Süßstoff**	**zues**-shtof
tea	**der Tee**	teh
tin of tomatoes	**die Dose Tomaten**	**doh**-ze to**mah**ten
vinegar	**der Essig**	**ess**ikh
yoghurt	**der Jogurt**	**yoh**goort

Food (fruit and veg)

Fruit	**das Obst**	ohbst
apples	**die Äpfel**	**ep**fel
apricots	**die Aprikosen**	apri-**koh**zen
bananas	**die Bananen**	ba**nah**nen
cherries	**die Kirschen**	**kir**shen
grapefruit	**die Grapefruit**	**grehp**froot
grapes	**die Trauben**	**trow**ben
lemon	**die Zitrone**	tsi**troh**-ne
melon	**die Melone**	me**loh**-ne
nectarines	**die Nektarinen**	nekta-**ree**nen
oranges	**die Orangen**	o**ran**zhen
peaches	**die Pfirsiche**	**pfir**-zi-khe
pears	**die Birnen**	**bir**nen
pineapple	**die Ananas**	**ann**a-nas
plums	**die Pflaumen**	**pflow**men
raspberries	**die Himbeeren**	**him**-behren
strawberries	**die Erdbeeren**	**ert**-behren

Vegetables	**das Gemüse**	ge**mue**-ze
asparagus	**der Spargel**	**shpar**gel
broccoli	**der Brokkoli**	**bro**kkoli
carrots	**die Karotten**	ka**rott**en

cauliflower	**der Blumenkohl**	**bloo**men-kohl
courgettes	**die Zucchini**	tsoo**kee**nee
French beans	**die grünen Bohnen**	**grue**nen **boh**nen
garlic	**der Knoblauch**	**knohp**-lowkh
leeks	**der Lauch**	lowkh
lettuce	**der Kopfsalat**	**kopf**-zalaht
mushrooms	**die Pilze**	**pil**tse
onions	**die Zwiebeln**	**tsvee**beln
peas	**die Erbsen**	**erp**sen
peppers	**die Paprika**	**pap**rika
potatoes	**die Kartoffeln**	kar**toff**eln
spinach	**der Spinat**	shpi**naht**
tomatoes	**die Tomaten**	to**mah**ten

Clothes

women's sizes		men's suit sizes		shoe sizes			
UK	EU	UK	EU	UK	EU	UK	EU
8	36	36	46	2	35	7	40
10	38	38	48	3	36	8	41
12	40	40	50	4	37	9	42
14	42	42	52	5	38	10	43
16	44	44	54	6	39	11	44
18	46	46	56				

FACE TO FACE

Kann ich das anprobieren?
kan ikh das **an**prob**ee**r-ren?
May I try this on?

Ja, bitte. Passt es?
yah **bit**-e. past es?
Please do. Does it fit you?

Es ist zu groß/klein/teuer
es ist tsoo grohs/klyn/**toy**er
It's too big/small/expensive

Welche Größe haben Sie?
vel-khe **grur'**-se **hah**ben zee?
What size are you?

Do you have this in size...?	**Haben Sie das in Größe...?** **hah**ben zee das in **grur'**-se...?
bigger	**größer** **grur'**ser
smaller	**kleiner** **klyn**er
I'm just looking	**Ich schaue mich nur um** ikh **show**-e mikh noor oom
I'll take it	**Ich nehme es** ikh **neh**-me es

Shopping

Clothes (articles)

belt	**der Gürtel**	**guer**tel
blouse	**die Bluse**	**bloo**-ze
boots	**die Stiefel**	**shtee**fel
bra	**der BH**	beh-**hah**
coat	**der Mantel**	**man**tel
dress	**das Kleid**	klyt
fleece	**das Fleece**	flees
gloves	**die Handschuhe**	**hant**-shoo-e
hat	**der Hut**	hoot
jacket	**das Jackett**	dja**ket**
knickers	**der Slip**	slip
nightdress	**das Nachthemd**	**nakht**-hemt
pyjamas	**der Pyjama**	pue-**jah**-ma
raincoat	**der Regenmantel**	**reh**gen-**man**tel
sandals	**die Sandalen**	zan**dah**len
scarf (silk)	**das Tuch**	tookh
scarf (wool)	**der Schal**	shahl
shirt	**das Hemd**	hemt
shoes	**die Schuhe**	**shoo**-e
shorts	**die Shorts**	shorts
skirt	**der Rock**	rok
slippers	**die Pantoffeln**	pan**toff**-eln

socks	**die Socken**	**zokk**en
suit (man's)	**der Anzug**	**an**tsook
suit (woman's)	**das Kostüm**	kos**tuem**
swimsuit	**der Badeanzug**	**bah**-de-**an**tsook
tie	**die Krawatte**	kra**vat**-e
tights	**die Strumpfhose**	**shtroompf**-hoh-ze
tracksuit	**der Trainingsanzug**	**trehn**ings-**an**tsook
trainers	**die Turnschuhe**	**toorn**-shoo-he
trousers	**die Hose**	**hoh**-ze
underpants	**die Unterhose**	**oon**ter-hoh-ze
zip	**der Reißverschluss**	**rys**-fershloos

Maps and guides

Large railway stations and airport bookshops usually stock English newspapers and books, but they can be very expensive.

Do you have...?	**Haben Sie...?** **hah**ben zee...?
a map of the town	**einen Stadtplan** **yn**-en **shtat**plahn
a map of the region	**eine Karte der Umgebung** **yn**-e **kar**-te dehr oom-**geh**boong

Can you show me where ... is on the map?	**Können Sie mir auf der Karte zeigen, wo ... ist?** kur'nen zee meer owf dehr **kar**-te **tsy**gen, voh ... ist?
Do you have a guide book/a leaflet in English?	**Gibt es einen Reiseführer/ eine Broschüre auf Englisch?** gipt es **yn**-en **ry**-ze-fuer-rer/**yn**-e bro-**shue**-re owf **eng**-lish?

Post office

Main post offices are open all day (8 a.m. or 9 a.m. to 7 p.m. or 8 p.m.) Monday to Friday and on Saturday mornings. As many offices have been closed in the last few years, some kiosks and newsagents have started offering post office services: watch out for the yellow sign.

das Postamt/die Post das **post**amt/dee post	post office
der Briefkasten dehr **breef**kasten	postbox
die Briefmarken dee **breef**marken	stamps

Where is the nearest post office?	**Wo ist das nächste Postamt?** voh ist das **neh**-kste **post**amt?

When is it open?	**Wann hat es auf?** van hat es owf?
Is there a postbox near here?	**Ist hier ein Briefkasten in der Nähe?** ist heer yn **breef**kasten in dehr **neh**-e?
Where can I buy stamps?	**Wo bekomme ich Briefmarken?** voh be-**kom**-e ikh **breef**marken?
Stamps for ... postcards to England, please	**Briefmarken für ... Postkarten nach England, bitte** **breef**marken fuer ... **post**karten nahkh **eng**-lant, **bit**-e

YOU MAY HEAR...

Füllen Sie das bitte aus **fuell**en zee das **bit**-e ows	Fill in this form, please

Technology

die Speicherkarte dee **shpy**kher-kar-te	memory card
ausdrucken **ows**drooken	to print
die Digitalkamera dee dig-i-**tahl-kam**era	digital camera
die E-Zigarette dee **ee**-tsig-er**et**-e	e-cigarette

Have you got a battery/memory card for this camera?	**Haben Sie eine Batterie/eine Speicherkarte für diesen Fotoapparat?** **hah**ben zee **yn**-e batte**ree**/**yn**-e **shpy**kher-kar-te fuer **dee**-ze **foh**toh-apa-**raht**?
Can you repair my...?	**Können Sie meinen/meine/ mein ... reparieren?** **kur'**nen zee **myn**-en /**myn**-e/ myn ... repa**reer**-ren?
screen	**Bildschirm** **bilt**shirm
keypad	**Tastatur** tasta**toor**
lens	**Linse** **lin**-ze
charger	**Ladegerät** **lah**-de-ge**reht**
I want to print my photos	**Ich will meine Fotos ausdrucken** ikh vil **myn**-e **foh**tohz **ows**drooken
I have it on my USB	**Ich habe es auf meinem Stick** ikh **hah**-be es owf **myn**-em stik
I have it on my e-mail	**Ich habe es in meinem E-Mail-Account** ikh **hah**-be es in **myn**-em **ee**-mehl-a**kownt**

Shopping

Leisure

Sightseeing and tourist office

Monday is not a good day for sightseeing in Germany, as most museums and art galleries are closed.

Where is the tourist office?	**Wo ist die Touristeninformation?** voh ist dee too**rist**en-informa**tsiohn**?
We'd like to go to...	**Wir möchten nach...** veer **mur'kh**ten nahkh...
Is it OK to take children?	**Kann man Kinder mitnehmen?** kan man **kin**der mit**neh**men?
Are there any excursions?	**Gibt es Ausflugsfahrten?** gipt es **ows**flooks-**fahr**ten?
How much does it cost to get in?	**Was kostet der Eintritt?** vas **kos**tet dehr **yn**-trit?
Are there any reductions for...?	**Gibt es eine Ermäßigung für...?** gipt es **yn**-e er-**meh**si-goong fuer...?
children	**Kinder** **kin**der
students	**Studenten** shtoo**den**ten

Music

Where can I/we get tickets for the concert?	**Wo gibt es Karten für das Konzert?** voh gipt es **kar**ten fuer das kon**tsert**?
Where can I/we hear some classical music/jazz?	**Wo kann man hier klassische Musik/Jazz hören?** voh kan man heer **klas**ish-e moo**zeek**/jazz **hur'**-ren?

folk	**die Volksmusik**	**folks**moozeek
hip-hop	**der Hip-Hop**	**hip**hop
pop	**die Popmusik**	**pop**moozeek
reggae	**der Reggae**	**reg**eh
rock	**die Rockmusik**	**rok**moo-zeek
techno	**das/der Techno**	**tek**noh

Out and about

When out and about in Germany, you might be confronted with much more nudity than in your home country. Saunas, beaches, lakes, rivers, some swimming pools and even public parks can be clothes-free! It is not unusual and not typically considered to have any sexual dimension.

adventure centre	**das Adventure Center**	ad**ven**-tshe **sen**ter
art gallery	**die Kunstgalerie**	**koonst**-ga-le-**ree**
boat hire	**der Bootsverleih**	**bohts**-fer**ly**
camping	**das Campen**	**kem**pen
museum	**das Museum**	moo-**zeh**-oom
piercing	**das Piercing**	**peer**sing
tattoo	**das Tattoo**	ta**too**
theme park	**der Freizeitpark**	**fry**-tsyt-park
water park	**der Wasserpark**	**vass**erpark
zoo	**der Zoo**	tsoh

Germany also boasts numerous traditional festivals.

Oktoberfest A Bavarian beer festival held in Munich.
Nürnberger Christkindlesmarkt The Christmas Market in Nuremberg is the famous one but Christmas markets are held in most German cities.
Kölner Karneval A huge carnival in Cologne including a week-long street festival, a parade that is usually aired on television and even a special greeting that is used during festivities: **Kölle Alaaf!**

What's on at the cinema?	**Was gibt es im Kino?** vas gipt es im **kee**noh?
What's on at the theatre?	**Was gibt es im Theater?** vas gipt es im teh-**ah**ter?

Leisure

How much are the tickets?	**Was kosten die Karten?** vas **kos**ten dee **kar**ten?
I'd like two tickets...	**Ich hätte gern zwei Karten...** ikh **het**-e gern tsvy **kar**ten...
for tonight	**für heute Abend** fuer **hoy**-te **ah**bent

YOU MAY HEAR...	
Schwimmen verboten **shvimm**en fer**boh**ten	No swimming
Springen vom Beckenrand verboten **shpring**en fom **bekk**enrant fer**boh**ten	No diving into the pool

Nightlife

Where can I go clubbing?	**Wo kann man hier clubben gehen?** voh kan man heer **kl<u>oo</u>**ben **geh**-en?

bar	**die Bar**	bar
gay bar/club	**die Schwulenbar/ der Schwulenklub**	**shvool**-en-bar/**shvool**-en-kl<u>oo</u>p
gig	**der Gig**	gig

music festival	**das Musikfestival**	moo**zeek**-**fest**ival
nightclub	**der Nachtklub**	**nakht**kloop
party	**die Party**	**par**tee
pub	**die Kneipe**	**kny**-pe

Germany is seen as one of the most gay-friendly countries in the world. There is an active LGBT community, especially in bigger cities, and several prominent politicians are openly gay. However, in some more traditional establishments, open displays of affection between people of the same sex may be frowned upon.

Sport

der Wettkampf/das Spiel dehr **vet**kampf/das shpeel	match/game
der Tennisplatz dehr **tenn**is-plats	tennis court
der Golfplatz dehr **golf**-plats	golf course
gewinnen ge-**vinn**en	to win

Where can we...?	**Wo können wir...?** voh **kur'**nen veer...?

English	German	Pronunciation
play tennis	**Tennis spielen**	**tenn**is **shpee**len
play golf	**Golf spielen**	golf **shpee**len
go swimming	**schwimmen**	**shvimm**en
go jogging	**joggen**	**jogg**en
go fishing	**angeln**	**ang**-eln
go riding	**reiten**	**ry**ten
How much is it per hour?	**Was kostet es pro Stunde?**	vas **kos**tet es proh **shtoon**-de?
Can we hire rackets/clubs?	**Kann man Schläger leihen?**	kan man **shleh**ger **ly**-en?
I want to hire skis	**Ich möchte Skier leihen**	ikh **mur'kh**-te **shee**-er **ly**-en
What length skis do you need?	**Welche Länge brauchen Sie?**	**vel**-khe **leng**-e **brow**-khen zee?
ski pass	**der Skipass**	dehr **shee**pas
cross-country skiing	**der Langlauf**	dehr **lang**lowf
I want to try... (activity)	**Ich möchte ... versuchen**	ikh **mur'kh**-te ... fer**zookh**en
I've never done this before	**Das habe ich noch nie gemacht**	das **hah**-be ikh nokh nee ge**makht**

cycling	**das Radfahren**	**raht**fahren
dancing	**das Tanzen**	**tan**tsen
kayaking	**das Kajakfahren**	**ky**ak-fahren
rock climbing	**das Klettern**	**klett**-ern
snowboarding	**das Snowboard-fahren**	**snoh**bord-fahren
volleyball	**der Volleyball**	**vol**ibal
water-skiing	**das Wasserski**	**vass**er-shee
windsurfing	**das Windsurfen**	**vint**serfen

In the Alpine regions, you may see **Schuhplattler** performed. This is a form of dance where dancers rhythmically hit their feet and hands. There is also **Fingerhakeln**, wrestling with intertwined fingers and trying to pull your opponent across the table.

Walking

Is there a guide to local walks?	**Gibt es einen Wanderführer für diese Gegend?** gipt es **yn**-en **van**der-**fuer**-rer fuer **dee**-ze **geh**gent?
How long is the walk?	**Wie lang ist die Wanderung?** vee lang ist dee **van**der-roong?

Telephone and mobile

To phone Germany from the UK, dial the international code **00 49**, then the German area code without the first 0, e.g. Bonn (0)**228**, Leipzig (0)**341**, followed by the number you require. (Other international codes: Austria **00 43**, Switzerland **00 41**.) To phone the UK from Germany, dial **00 44**, plus the UK area code without the first 0, e.g. Glasgow (0)**141**.

das Handy das **hen**dee	mobile
besetzt be**zetst**	engaged
das R-Gespräch das er-ge**shprehkh**	collect/reverse charge call

FACE TO FACE

Kann ich mit Herrn.../Frau ... sprechen?
kan ikh mit hern.../frow ... **shprekh**-en?
Can I speak to Mr.../Mrs...?

Wer spricht, bitte?
ver shprikht **bit**-e?
Who is calling?

Hier ist Jim Brown
heer ist jim brown
This is Jim Brown

Er ist gerade nicht da. Soll ich etwas ausrichten?
ehr ist ge**rah**-de nikht dah. zoll ikh **et**vas **ows**-rikhten?
He's not in at the moment. Can I take a message?

Ich rufe später/morgen wieder an
ikh **roo**-fe **shpeh**ter/**mor**gen **vee**der an
I'll call back later/tomorrow

I want to make a phone call	**Ich möchte telefonieren** ikh **mur'kh**-te tele-fo-**neer**-ren
What is your mobile number?	**Wie lautet Ihre Handynummer?** vee **low**tet **eer**-re **hen**dee-**noomm**er?
My mobile number is...	**Meine Handynummer ist...** **myn**-e **hen**dee-**noomm**er ist...
Herr Braun, please	**Herrn Braun, bitte** hern brown, **bit**-e
smartphone	**das Smartphone** das **smaht**fohn
Do you have a ... charger/cable?	**Haben Sie ein Ladegerät/ Ladekabel für...?** **hah**ben zee yn **lah**-de-ge**reht**/ **lah**-de-**kah**bel fuer...?

Can I borrow your...?	**Kann ich deinen/deine/dein ... ausleihen?** kan ikh **dyn**-en/**dyn**-e/dyn ... **ows**ly-en?
I have an e-ticket on my phone	**Ich habe ein E-Ticket auf meinem Handy** ikh **hah**-be yn **ee**-tikket owf **myn**-em **hen**dee
I need to phone a UK/US/ an Australian number	**Ich muss eine britische/ amerikanische/australische Nummer anrufen** ikh moos **yn**-e **bri**tish-e/ amehri**kahn**ish-e/ow**strah**lish-e **noo**mer **an**roofen

YOU MAY HEAR...	
Bitte rufen Sie später wieder an **bit**-e **roo**fen zee **shpeh**ter **vee**der an	Please try again later
Sie haben sich verwählt zee **hah**ben zikh fer**vehlt**	You've got the wrong number
Sie müssen Ihre Handys abschalten zee **mues**sen **eer**-re **hen**dees **ap**shalten	You must turn off your mobile phones

Text messaging

Can I text you?	**Kann ich dir eine SMS schicken?** kan ikh deer **yn**-e sms **shikk**en?
Can you text me?	**Kannst du mir eine SMS schicken?** kanst doo meer **yn**-e sms **shikk**en?
a text (message)	**die SMS** dee es-em-**es** simsen **zim**zen
to text	**simsen** **zim**zen

bb	**bis bald!**	see you soon!
n8	**gute Nacht!**	good night!
g&k	**Gruß und Kuss**	greetings and a kiss
hdl	**hab dich lieb**	love you lots
kA	**keine Ahnung**	no idea
kP	**kein Problem**	no problem
dad	**denk an dich**	thinking of you
vlt	**vielleicht**	maybe
MAD	**mag dich**	I like you
ILD	**ich liebe dich**	I love you

E-mail

scannen **skenn**en	to scan
downloaden **down**lohden	to download
löschen **lur'sh**en	to delete

What's your e-mail address? **Wie ist Ihre E-Mail-Adresse?** vee ist **eer**-re **ee**-mehl-a-**dres**-e?

How do you spell it? **Wie buchstabiert man das?** vee **bookh**-shta-**beert** man das?

Can I send an e-mail? **Kann ich eine E-Mail schicken?** kan ikh **yn**-e **ee**-mehl **shikk**en?

Internet

German website addresses end in **.de** for **Deutschland** (Germany).

die Startseite dee **shtart**-zy-te	home
das Menü das men-**yue**	menu

der Benutzername dehr be**noots**er-nah-me	username
die Suchmaschine dee **zookh**-mashee-ne	search engine
das Passwort das **pas**vort	password
WLAN **veh**lahn	Wi-Fi
das soziale Netzwerk das zohtsi**ahl**-e **nets**verk	social network
die App dee ep	app
der Laptop der **lep**top	laptop
das Tablet das **teb**let	tablet

I can't log on — **Ich kann nicht einloggen**
ikh kan nikht **yn**-loggen

What is the Wi-Fi password? — **Was ist das WLAN-Passwort?**
vee ist das **veh**lahn **pas**vort?

Do you have free Wi-Fi? — **Haben Sie kostenloses WLAN?**
hahben zee **kos**tenlohzez **veh**lahn?

Add me on Facebook — **Füg mich auf Facebook hinzu**
fueg mikh owf **fehs**book hin**tsoo**

Is there a 3G/4G signal? — **Gibt es 3G-/4G-Empfang?**
gipt es dry-**geh**/feer-**geh** emp**fang**?

Communications

I need to access my webmail	**Ich brauche Zugang zu meinem E-Mail-Account** ikh **brow**-khe **tsoo**gang tsoo **myn**-em **ee**-mehl-a**kownt**
I would like to use Skype	**Ich würde gerne Skype benutzen** ikh **vuer**-de **ger**-ne skyp be**noot**-sen

Practicalities

Money

The currency used in Germany is the euro. You can change money where you see the sign **Geldwechsel**. Cash machines usually let you choose which language to use for your transaction. Banks are generally open longer on Tuesdays and Thursdays.

Dollar **doll**ar	dollars
Pfund pfoont	pounds
der Wechselkurs dehr **vek**selkoors	exchange rate

Where can I change some money?	**Wo kann ich hier Geld wechseln?** voh kan ikh heer gelt **vek**seln?
Where is the nearest cash machine?	**Wo ist der nächste Geldautomat?** voh ist dehr **neh**-kste **gelt**-owtoh-**maht**?
When does the bank close?	**Wann macht die Bank zu?** van makht dee bank tsoo?

Practicalities

Can I use my credit card to get euros?	**Kann ich hier mit meiner Kreditkarte Euros bekommen?** kan ikh heer mit **myn**-er kre**dit**-kar-te **oy**rohs be**komm**en?
What is the exchange rate for...?	**Was ist der Wechselkurs für...?** vas ist dehr **vek**selkoors fuer...?

Paying

der Betrag dehr be**trahk**	amount to be paid
die Rechnung dee **rekh**noong	bill
die Kasse dee **kas**-e	cash desk
die Quittung dee **kvitt**oong	receipt
Nur Bargeld noor **bahr**gelt	cash only
Geld abheben gelt **ap**-heh-ben	to withdraw money
die EC-Karte dee eh-**tseh**-kar-te	debit card
die Kreditkarte dee kre**dit**-kar-te	credit card

das kontaktlose Bezahlen das kon**takt**-loh-ze be**tsah**len	contactless payment
die Prepaid Kreditkarte dee **pree**-pehd kre**dit**-kar-te	prepaid currency card

How much is it?	**Was kostet das?** vas **kos**tet das?
Can I pay...?	**Kann ich ... bezahlen?** kan ikh ... be**tsah**len?
by credit card	**mit Kreditkarte** mit kre**dit**-kar-te
My credit card number is...	**Meine Kreditkartennummer ist...** **myn**-e kre**dit**-karten-**noomm**er ist...
expiry date...	**Ablaufdatum...** **ap**-lowf-**dah**toom...
valid until...	**gültig bis...** **guel**tikh bis...
Is service/VAT included?	**Ist die Bedienung/die Mehrwertsteuer inbegriffen?** ist dee be-**dee**noong/dee **mehr**-vehrt-shtoyer **in**begriffen?
Could I have a receipt, please?	**Könnte ich eine Quittung haben, bitte?** **kur'n**-te ikh **yn**-e **kvitt**oong **hah**ben, **bit**-e?

Can I pay in cash?	**Kann ich in bar bezahlen?** kan ikh in bahr be**tsahl**en?
Is there a credit card charge?	**Gibt es eine Kreditkartengebühr?** gipt es **yn**-e kre**dit**-kar-ten-ge**buer**?
Is there a discount for senior citizens/ for children?	**Gibt es eine Ermäßigung für Senioren/für Kinder?** gipt es **yn**-e er-**meh**si-goong fuer zeni**ohr**en/ fuer **kin**der?
Can you write down the price?	**Können Sie den Preis aufschreiben?** **kur'**nen zee dehn prys **owf**shryben?
Keep the change	**Stimmt so** shtimt zoh

Luggage

You often need a coin to unlock the luggage trolley, so make sure you have some small change on arrival.

die Gepäckausgabe dee ge**pek**-**ows**-gah-be	baggage reclaim
die Gepäckaufbewahrung dee ge**pek**-**owf**-be-vahroong	left-luggage office

das Schliessfach das **shlees**fakh	left-luggage locker

My luggage isn't there	**Mein Gepäck ist nicht da** myn ge**pek** ist nikht dah
What's happened to the luggage on the flight from...?	**Was ist mit dem Gepäck vom Flug aus ... passiert?** vas ist mit dehm ge**pek** fom flook ows ... pa**seert**?
Can you help me with my luggage, please?	**Könnten Sie mir bitte mit meinem Gepäck helfen?** **kur'n**ten zee meer **bit**-e mit **myn**-em ge**pek** **hel**fen?

Complaints

The ... doesn't/ don't work	**Der/Die/Das ... funktioniert nicht/Die ... funktionieren nicht** dehr/dee/das ... foonk-tsio-**neert** nikht/dee ... foonk-tsio-**neer**-ren nikht
light	**das Licht** das likht
lock	**das Schloss** das shlos
heating	**die Heizung** dee **hyt**soong

I want my money back	**Ich möchte mein Geld zurück** ikh **mur'kh**-te myn gelt tsoo**ruek**
This is dirty	**Das ist schmutzig** das ist **shmoot**sikh
We have been waiting for a very long time	**Wir warten schon sehr lange** veer **var**ten shohn zehr **lang**-e
The bill is not correct	**Die Rechnung stimmt nicht** dee **rekh**noong shtimt nikht

Problems

Can you help me?	**Können Sie mir helfen?** **kur'**nen zee meer **hel**fen?
I don't speak German	**Ich spreche kein Deutsch** ikh **shprekh**-e kyn doytch
Does anyone here speak English?	**Spricht hier jemand Englisch?** shprikht heer **yeh**mant **eng**-lish?
What's the matter?	**Was ist los?** vas ist lohs?
I have a problem	**Ich habe ein Problem** ikh **hah**-be yn pro**blehm**
I'm lost (on foot)	**Ich habe mich verlaufen** ikh **hah**-be mikh fer**low**fen
How do I get to...?	**Wie komme ich nach...?** vee **kom**-e ikh nahkh...?

I've missed...
Ich habe ... verpasst
ikh **hah**-be ... fer**past**

my plane
mein Flugzeug
myn **flook**-tsoyk

my connection
meinen Anschluss
myn-en **an**shloos

Can you show me how this works?
Können Sie mir zeigen, wie das geht?
kur'nen zee meer **tsy**gen, vee das geht?

I've lost my money
Ich habe mein Geld verloren
ikh **hah**-be myn gelt fer**loh**ren

I need to get to...
Ich muss nach...
ikh moos nahkh...

Is there a lost property office?
Gibt es hier ein Fundbüro?
gipt es heer yn **foont**-bue-roh?

Where is it?
Wo ist es?
voh ist es?

Where can I recycle this?
Wo kann ich das recyceln?
voh kan ikh das ri-**sy**keln?

I need to access my online banking
Ich brauche Zugang zu meinem Online-Banking-Account
ikh **brow**-khe **tsoo**gang tsoo **myn**-em **on**lyn-**bank**ing-a**kownt**

Do you have wheelchairs?
Haben Sie Rollstühle?
hahben zee **rol**-shtue-le?

Is there an induction loop for the hard of hearing?
Haben Sie eine Induktionsschleife für Schwerhörige?
hahben zee **yn**-e in-dook-**tsiohns**-shly-fe fuer **shvehr**-hur'-ri-ge?

elderly	**die Senioren** (noun), **älter** (adjective) dee zeni**ohr**en, **el**ter
This is broken	**Das ist kaputt** das ist ka**poot**
Is it worth repairing?	**Lohnt sich die Reparatur?** lohnt zikh dee repara**toor**?
Can you repair...?	**Können Sie ... reparieren?** **kur'**nen zee ... repa**reer**-ren?
Leave me alone!	**Lassen Sie mich in Ruhe!** **lass**en zee mikh in **roo**-e!
Go away!	**Hau ab!** how ap!

In rural areas, especially in **Sachsen**, **Brandenburg** and **Mecklenburg-Vorpommern** (roughly the former GDR with the exception of Berlin), you might encounter racism.

Emergencies

The standard European emergency number is **112** and it connects automatically to the nearest operator. National numbers are as follows:

Germany
Police 110, fire brigade and ambulance 112

Austria
Police 133, fire brigade 122, ambulance 144
Switzerland
Police 117, fire brigade 118, ambulance 144

die Polizei dee poli**tsy**	police
der Krankenwagen dehr **krang**ken-**vah**gen	ambulance
die Feuerwehr dee **foy**er-vehr	fire brigade
die Notaufnahme dee **noht**-**owf**nah-me	casualty department

Help!	**Hilfe!** **hil**-fe!
Fire!	**Feuer!** **foy**er!
There's been an accident	**Ein Unfall ist passiert** yn **oon**fal ist pa**seert**
Someone is injured	**Es ist jemand verletzt worden** es ist **yeh**mant fer**letst vor**den
Please call...	**Bitte rufen Sie...** **bit**-e **roo**fen zee...
the police	**die Polizei** dee poli**tsy**
an ambulance	**einen Krankenwagen** **yn**-en **krang**ken-**vah**gen

Where is the police station/ the hospital?	**Wo ist die Polizeiwache/ das Krankenhaus?** voh ist dee poli**tsy**-vakh-e/ das **krang**ken-hows?
I want to report a theft	**Ich möchte einen Diebstahl melden** ikh **mur'kh**-te **yn**-en **deep**-shtahl **mel**den
I've been robbed	**Ich bin beraubt worden** ikh bin be**rowpt vor**den
I've been attacked	**Ich bin überfallen worden** ikh bin ueber-**fall**en **vor**den
Someone has stolen...	**Jemand hat ... gestohlen** **yeh**mant hat ... ge**shtoh**len
my money	**mein Geld** myn gelt
my passport	**meinen Pass** **myn**-en pas
My car has been broken into	**Mein Auto ist aufgebrochen worden** myn **ow**toh ist **owf**-gebrokh-en **vor**den
My car has been stolen	**Mein Auto ist gestohlen worden** myn **ow**toh ist ge**shtoh**len **vor**den
I've been raped	**Ich bin vergewaltigt worden** ikh bin fer-ge**val**tikht **vor**den
I want to speak to a policewoman	**Ich möchte mit einer Polizistin sprechen** ikh **mur'kh**-te mit **yn**-er poli**tsis**tin **shprekh**-en

I need to make an urgent telephone call	**Ich muss dringend telefonieren** ikh moos **dring**-ent tele-fo-**neer**-ren
I need a report for my insurance	**Ich brauche einen Bericht für meine Versicherung** ikh **brow**-khe **yn**-en be**rikht** fuer **myn**-e fer**zikh**er-roong
How much is the fine?	**Wie viel Strafe muss ich zahlen?** vee feel **shtrah**-fe moos ikh **tsah**len?
I would like to phone my embassy	**Ich möchte mit meiner Botschaft telefonieren** ikh **mur'kh**-te mit **myn**-er **boht**shaft telefo**neer**-ren

YOU MAY HEAR...

Sie sind bei Rot über die Ampel gefahren zee zint by roht **ueb**er dee **am**pel ge**fah**ren	You went through a red light
Sie sind zu schnell gefahren zee zint tsoo shnel ge**fah**ren	You were driving too fast

Pharmacy

die Apotheke dee apo-**teh**-ke	pharmacy
die Notapotheke dee **noht**-apo-**teh**-ke	duty chemist
das Rezept das re**tsept**	prescription

I don't feel well	**Ich fühle mich nicht wohl** ikh **fue**-le mikh nikht vohl
Have you something for...?	**Haben Sie etwas gegen...?** **hah**ben zee **et**vas **geh**gen...?
a headache	**Kopfschmerzen** **kopf**-shmertsen
car sickness	**Reisekrankheit** **ry**-ze-krank-hyt
diarrhoea	**Durchfall** **doorkh**fal
I have a rash	**Ich habe einen Ausschlag** ikh **hah**-be **yn**-en **ows**-shlahk

YOU MAY HEAR...	
Dreimal täglich vor dem/beim/nach dem Essen **dry**-mahl **tehk**likh fohr dehm/bym/nahkh dehm **ess**en	Take it three times a day before/with/after meals

Useful words

antiseptic	**das Antiseptikum**	anti-**zep**tikoom
aspirin	**das Aspirin**	aspi-**reen**
asthma	**das Asthma**	das **ast**-ma
cold	**die Erkältung**	er-**kel**toong
condoms	**die Kondome**	kon**dohm**-e
contact lenses	**die Kontaktlinsen**	dee kon**takt**-**linz**en
cotton wool	**die Watte**	**vat**-e
dental floss	**die Zahnseide**	**tsahn**-zy-de
inhaler	**der Inhalator**	dehr inha**lah**tor
morning after pill	**die Pille danach**	dee **pill**-e da**nahkh**
mosquito bite	**der Mückenstich**	dehr **muek**en-shtikh
painkillers	**die Schmerzmittel**	dee **shmehrts**mittel

Health

period	**die Periode**	dee peri**oh**-de
the Pill	**die Pille**	dee **pill**-e
plaster	**das Pflaster**	**pflas**ter
sanitary pads	**die Binden**	**bin**den
sore throat	**die Halsschmerzen**	**hals**-shmertsen
tampons	**die Tampons**	**tam**pons
toothpaste	**die Zahnpasta**	**tsahn**-pasta

Doctor

If you're a European visiting Germany, you can get a European Health Insurance Card (EHIC). It is not a substitute for medical and travel insurance, but entitles you to state-provided medical treatment if you need it during your trip.

das Krankenhaus das **krang**ken-hows	hospital
die Ambulanz dee amboo**lants**	out-patients
die Sprechstunden dee **shprekh**-shtoonden	surgery hours

FACE TO FACE

Mein Sohn/Meine Tochter ist krank
myn zohn/**myn**-e **tokh**ter ist krank
My son/My daughter is ill

Hat er/sie Fieber?
hat ehr/zee **fee**ber?
Does he/she have a temperature?

Nein, er/sie hat Magenschmerzen
nyn, ehr/zee hat **mah**gen-shmertsen
No, he/she has stomach-ache

Er/Sie muss ins Krankenhaus
ehr/zee moos ins **krang**ken-hows
He/She will have to go to hospital

I need a doctor	**Ich brauche einen Arzt** *(m/f)* ikh **brow**-khe **yn**-en artst
I'm diabetic	**Ich bin Diabetiker/ Diabetikerin** *(m/f)* ikh bin dee-a-**behtik**-er/ dee-a-**beht**ik-er-in
I'm pregnant	**Ich bin schwanger** ikh bin **shvang**-er
I'm on the pill	**Ich nehme die Pille** ikh **neh**-me dee **pil**-e

I'm allergic to...	**Ich bin allergisch gegen...** ikh bin a-**ler**-gish **geh**gen...
penicillin	**Penizillin** peni-tsi**leen**
pollen	**Pollen** **poll**-en
dairy	**Milchprodukte** **milkh**proh-dook-te
gluten	**Gluten** gloo-**tehn**
nuts	**Nüsse** **nues**-se
epilepsy	**die Epilepsie** dee epi-lep**see**
STI or STD (sexually transmitted infection/ disease)	**die Geschlechtskrankheit** dee ge**shlekhts**-**krank**-hyt
food poisoning	**die Lebensmittelvergiftung** dee **leh**benz-mittel-fer**gif**toong
drug abuse	**der Drogenmissbrauch** dehr **droh**gen-mis**browkh**
sprain	**die Verstauchung** dee fer**shtowkh**oong
GP (general practitioner)	**der Hausarzt** (male), **die Hausärztin** (female) dehr **hows**ahrtst, dee **hows**ehrts-tin
A&E (accident and emergency)	**die Notaufnahme** dee **noht**owf-nah-me
I have a prescription for...	**Ich habe ein Rezept für...** ikh **hah**-be yn re-**tsept** fuer...

I've run out of medication	**Meine Medikamente sind aufgebraucht** **myn**-e medika**men**-te zint **owf**ge-browkht
My blood group is...	**Meine Blutgruppe ist...** **myn**-e **bloot**groop-e ist...
How much will it cost?	**Was wird es kosten?** vas virt es **kos**ten?
I need a receipt for the insurance	**Ich brauche eine Quittung für meine Versicherung** ikh **brow**-khe **yn**-e **kvitt**oong fuer **myn**-e fer**zikh**er-roong

YOU MAY HEAR...	
Ich muss Sie röntgen ikh moos zee **rur'nt**gen	I'll have to do an X-ray
Trinken Sie keinen Alkohol **tring**ken zee **kyn**-en alko-**hohl**	Do not drink alcohol
Trinken Sie Alkohol? **tring**ken zee alko-**hohl**?	Do you drink?
Rauchen Sie? **rowkh**en zee?	Do you smoke?
Nehmen Sie Drogen? **neh**men zee **droh**gen?	Do you take drugs?

arm	**der Arm**	arm
back	**der Rücken**	**ruekk**en

chest	**die Brust**	brust
ear	**das Ohr**	ohr
eye	**das Auge**	**ow**-ge
foot	**der Fuß**	foos
head	**der Kopf**	kopf
heart	**das Herz**	herts
leg	**das Bein**	byn
neck	**der Nacken**	**nakk**en
toe	**der Zeh**	tseh
tooth	**der Zahn**	tsahn
wrist	**das Handgelenk**	**hant**-ge-lengk

Dentist

die Füllung dee **fuell**oong	filling
die Krone dee **kroh**-ne	crown
die Prothese dee pro-**teh**-ze	dentures

I need a dentist — **Ich brauche einen Zahnarzt**
ikh **brow**-khe **yn**-en **tsahn**artst

He/She has toothache — **Er/Sie hat Zahnschmerzen**
ehr/zee hat **tsahn**-shmertsen

Can you do a temporary filling?	**Können Sie mir eine provisorische Füllung machen?** **kur'**nen zee meer **yn**-e provi-**zoh**rish-e **fuell**oong **makh**en?
I think I have an abscess	**Ich glaube, ich habe einen Abszess** ikh **glow**-be, ikh **hah**-be **yn**-en aps-**tses**
It hurts	**Das tut weh** das toot veh
Can you give me something for the pain?	**Können Sie mir etwas gegen die Schmerzen geben?** **kur'**nen zee meer **et**vas **geh**gen dee **shmer**tsen **geh**ben?
Can you repair my dentures?	**Können Sie meine Prothese reparieren?** **kur'**nen zee **myn**-e pro-**teh**-ze repa-**reer**-ren?

YOU MAY HEAR...	
Bitte weit aufmachen **bit**-e vyt **owf**-makh-en	Please open wide
Möchten Sie eine Spritze? **mur'kh**ten zee **yn**-e **shprit**-se?	Do you want an injection?

Eating out

Eating places

Café Sometimes attached to a cake shop (**Konditorei**), where you can sit down and sample some of the cakes. Can be quite expensive.

Biergarten An open-air pub offering a selection of meals, usually hearty food (like soups or sausages).

Selbstbedienung Self-service.

Bistro A good place for breakfast, snacks, coffees and cakes.

Eisdiele/Eiscafé Ice-cream parlour.

Picknickzone Picnic area.

In non-formal settings like beer gardens or **Gasthäuser** (inns), sharing tables with strangers is common if all tables are occupied. You can simply ask **Ist hier noch frei?** (Is this seat free?). Don't expect any further conversation at the table, except for **Guten Appetit**, and **Auf Wiedersehen** when one of the parties leaves.

In a bar/café

Service staff at traditional **Kaffeehäuser** (coffee houses) in Vienna take table manners seriously and consider most tourists rude if they take too long to choose when the waiter is already at the table.

FACE TO FACE

Was möchten Sie?
vas **mur'kh**ten zee?
What can I get you?

Ich möchte einen schwarzen Kaffee und einen Tee mit Milch
ikh **mur'kh**te **yn**-en **shvar**-tsen ka**feh** oont **yn**-en teh mit milkh
I would like a black coffee and a tea with milk

Darf es sonst noch etwas sein?
darf es zonst nokh **et**vas zyn?
Would you like anything else?

Das ist alles, danke
das ist **al**-es, **dang**-ke
That's all, thank you

I'd like something cool to drink	**Ich möchte etwas Kühles trinken** ikh **mur'kh**-te **et**vas **kue**les **tring**ken

Do you have anything non-alcoholic?	**Haben Sie auch Getränke ohne Alkohol?** **hah**ben zee owkh ge-**treng**-ke **oh**-ne **al**ko-hohl?
a bottle of mineral water	**eine Flasche Mineralwasser** **yn**-e **flash**-e mi-ne-**rahl**-vasser
sparkling	**mit Kohlensäure** mit **kohl**en-zoy-re
still	**still** shtill
for me	**für mich** fuer mikh
for him/her	**für ihn/sie** fuer een/zee
with ice	**mit Eis** mit ys
a lager	**ein helles Bier** yn **hel**-es beer
a bitter	**ein Altbier** yn **alt**beer
a half pint	**ein Kleines** yn **klyn**-es
a pint (approx.)	**ein Großes** yn **groh**-ses

Other drinks to try

ein Kölsch a strong lager from Cologne

ein dunkles Bier a dark beer similar to brown ale

ein Fruchtsaft a fruit juice

eine heiße Schokolade a rich-tasting hot chocolate

ein Pils a strong, slightly bitter lager

ein Radler a type of shandy

Reading the menu

Typical German snack food (**Imbiss**) includes **Bratwurst** (fried sausage), **Bockwurst** (boiled sausage, e.g. frankfurter) and **Buletten** (thick hamburgers).

Getränke nicht inklusive drinks not included

Tagesgericht für 7,50 € dish of the day €7.50

Mittagsmenü lunchtime special (usually a combination of at least two courses such as soup or salad, a main dish and/or a dessert)

Vorspeise + Hauptgericht + Kaffee
starter + main course + coffee

Speisekarte	menu
Vorspeisen	starters
Suppen	soups
Salate	salads
Knoblauchbrot	garlic bread
Fleisch	meat
Wild und Geflügel	game and poultry
Fisch	fish
Meeresfrüchte	seafood
Gemüse	vegetables
Käse	cheese
Dessert	dessert
Getränke	drinks
hausgemacht	homemade
die regionale Spezialität	local delicacy
Tageskarte	daily specials

In a restaurant

In Germany the main meal of the day is lunch (**Mittagessen**). Breakfast (**Frühstück**) is also often a substantial meal. Look out for breakfast buffets (**Frühstücksbüfett**). Breastfeeding is accepted in most restaurants and cafés. However, in some formal restaurants or more traditional **Kaffeehäusern**, it may not be permitted.

FACE TO FACE

Ich möchte einen Tisch für heute Abend/ morgen Abend/acht Uhr reservieren
ikh **mur'kh**-te **yn**-en tish fuer **hoy**-te **ah**bent/ **mor**gen **ah**bent/akht oo-er re-zer-**veer**-ren
I'd like to book a table for tonight/tomorrow night/8 p.m.

Für wie viele Personen?
fuer vee **fee**-le per-**zoh**nen?
For how many people?

We would like a table for ... people, please	**Wir hätten gerne einen Tisch für ... Personen, bitte** veer **het**-ten **ger**-ne **yn**-en tish fuer ... per-**zoh**nen, **bit**-e
The menu, please	**Die Speisekarte, bitte** dee **shpy**-ze-kar-te, **bit**-e
What is the dish of the day?	**Was ist das Tagesgericht?** vas ist das **tah**ges-ge-**rikht**?

I'll have this
Ich nehme das
ikh **neh**-me das

What is in this?
Was ist da drin?
vas ist da drin?

Can you recommend a local dish?
Können Sie eine Spezialität aus der Gegend empfehlen?
kur'nen zee **yn**-e shpetsi-ali-**teht** ows dehr **geh**gent emp-**feh**len?

Excuse me!
Entschuldigung!
ent**shool**di-goong!

more bread
noch etwas Brot
nokh **et**vas broht

more water
noch etwas Wasser
nokh **et**vas **vass**er

a high chair
einen Hochstuhl
yn-en **hohkh**-shtool

The bill, please
Zahlen, bitte
tsahlen, **bit**-e

Do you have a children's menu?
Haben Sie eine Speisekarte für Kinder?
hahben zee **yn**-e **shpy**-ze-kar-te fuer **kin**der

Is there a set menu?
Gibt es ein Menü?
gipt es yn men-**yue**?

We need another minute
Wir brauchen noch einen Moment
veer **brow**khen nokh **yn**-en moh**ment**

This isn't what I ordered	**Das habe ich nicht bestellt** das **hah**-be ikh nikht be**shtelt**
The ... is too...	**Der/Die/Das ... ist zu...** dehr/dee/das ... ist tsoo...

cold	**kalt**	kalt
greasy	**fettig**	**fett**ikh
rare	**leicht angebraten**	lykht **an**-ge-brah-ten
salty	**salzig**	**zalts**ikh
spicy	**scharf**	shahf
warm	**warm**	vahm
well cooked	**durchgebraten**	**doorkh**-ge-brah-ten

In Germany and Austria, standard tipping is between 5 and 10% of the bill. The waiter or waitress will usually tell you the total and then stay at your table so that you can add the tip and tell him/her what you want to pay: **Das macht 36 Euro und 40 Cent, bitte.** (That's 36 euros and 40 cents, please.) **40. Danke!** (Make it 40, thanks!) Or you could simply say **Stimmt so** (Keep the change.) You may also be asked **Zusammen oder getrennt?** (Are you paying separately or together?) In most formal restaurants, you get the bill in a folder and leave the money inside.

Dietary requirements

Are there any vegetarian restaurants here?	**Gibt es hier vegetarische Restaurants?** gipt es heer ve-ge-**tah**rish-e restoh-**rants**?
Do you have any vegetarian dishes?	**Haben Sie vegetarische Gerichte?** **hah**ben zee ve-ge-**tah**rish-e ge-**rikh**-te?
Is it made with vegetable stock?	**Ist das mit Gemüsebrühe gemacht?** ist das mit ge**mue**-ze-**brue**-e ge-**makht**?
I have a ... allergy	**Ich habe eine ... -allergie** ikh **hah**-be **yn**-e ... a-ler-**gee**
Is it ... -free?	**Ist das ... -frei?** ist das ... fry?

coeliac	**der Zöliakier** (male), **die Zöliakierin** (female)	dehr tsur'lia-**kee**-er, dee tsur'lia-**kee**-er-in

I don't eat...	**Ich esse kein/keine...** ikh **es**-se kyn/**kyn**-e...

dairy	**Milch-...**	milkh-...
gluten	**das Gluten**	gloo-**tehn**
halal	**halal**	ha**lal**
nuts	**die Nüsse**	**nues**-se

organic	**bio**	**bee**oh
vegan	**der Veganer** (male), **die Veganerin** (female)	ve**gah**ner, ve**gah**ner-rin
wheat	**der Weizen**	dehr **vy**-tsen

Wines and spirits

The wine list, please	**Die Weinkarte, bitte** dee **vyn**kar-te, **bit**-e
Can you recommend a good wine?	**Können Sie mir einen guten Wein empfehlen?** **kur'**nen zee meer **yn**-en **goo**ten vyn emp**feh**len?
a bottle of house wine	**eine Flasche Hauswein** **yn**-e **flash**-e **hows**vyn
a glass of white wine/red wine	**ein Glas Weißwein/Rotwein** yn glahs **vys**vyn/**roht**vyn
a bottle of red wine/white wine	**eine Flasche Rotwein/ Weißwein** **yn**-e **flash**-e **roht**vyn

Wines

Wines are usually categorized according to three criteria: the growing area, the village or vineyard where they are produced, and the type of grape they are made from. Major grape varieties include **Riesling, Silvaner, Gewürztraminer** and **Müller-Thurgau**.

Important wine-growing areas in Germany and Austria include:

Ahr small valley north of the Moselle, producing mainly light red wines

Baden the region around Freiburg in the Upper Rhine valley, producing light, mainly white and rosé wines

Burgenland region in Austria, producing mainly sweet wines

Franken important wine-growing area in Northern Bavaria, producing dry, full-bodied wines

Mosel-Saar-Ruwer region along the rivers Moselle, Saar and Ruwer, producing white wines, many of them dry

Rheinhessen quality wine region along the banks of the Rhine

Rheinpfalz Palatinate region, producing mainly white wines

Wachau major wine-growing area in Austria, just west of Vienna

Other words to look out for are:

Eiswein a rich, naturally sweet, white wine made from grapes that are harvested after a period of frost

halbtrocken medium-dry

Landwein wine of similar quality to French 'vin de pays'

lieblich sweet

Prädikatswein highest category of quality wines

QbA good-quality wine from a specified region

Tafelwein lowest-quality wine, similar to French 'vin de table'

trocken dry

Other drinks

What liqueurs do you have?	**Was für Liköre haben Sie?** vas fuer li-**kur'**-re **hah**ben zee?

Apfelkorn apple brandy

Danziger Goldwasser brandy with tiny bits of gold leaf

Himbeergeist strong, clear raspberry brandy

Kirschwasser cherry brandy

Schnaps strong spirit

Sliwowitz plum brandy (Austria)

Menu reader

Aalsuppe eel soup
Allgäuer Emmentaler full-fat hard cheese from the Allgäu
Allgäuer Käsespätzle cheese noodles from the Allgäu
Alsterwasser lager shandy
Altbier type of dark beer from the Lower Rhine
Apfelkorn apple brandy
Apfelkuchen apple cake
Apfelmus apple puree
Apfelsaft apple juice
Apfelstrudel flaky pastry filled with apples and spices
Apfelwein cider (apple wine)
Arme Ritter French toast
Art style or mode of preparation, e.g. **nach Art des Hauses** = à la maison
Auflauf baked dish, can be sweet or savoury
Aufschnitt sliced cold meats
Bäckerofen 'baker's oven', pork and lamb bake from the Saarland region
Backhendl roast chicken covered in breadcrumbs (Austria)
Bandnudeln ribbon pasta
Barack apricot schnapps

Bauernfrühstück cooked breakfast of scrambled eggs, bacon, diced potatoes, onions and tomatoes
Baunzerl little bread roll with distinctive cut on top (Austria)
Bayrisch Kraut shredded cabbage cooked with sliced apples, wine and sugar
Beilage side dish
Bereich Bernkastel area along the Moselle, producing crisp white wines
Bergkäse cheese from the Alps
Berliner doughnut filled with jam
Berliner Weiße cloudy white beer with fruit syrup added
Berner Erbsensuppe soup made of dried peas with pig's trotters
Bienenstich type of cake, baked on a tray with a coating of almonds and sugar and a cream filling
Bierschinken ham sausage
Bierteig pastry made with beer
Bierwurst Bavarian boiled sausage
Birchermüsli muesli with yoghurt (Switzerland)
Birnen, Bohnen und Speck dish of pears, green beans and bacon (Northern Germany)
Birne Helene dessert with vanilla ice cream, pear and chocolate sauce
Birnenmost pear wine
Blätterteig puff pastry
Blätterteigpastete vol-au-vent
Blattsalat green salad
blau rare (meat); poached (fish)

Blauschimmelkäse blue cheese
Blunz'n black pudding (South Germany and Austria)
Blutwurst black pudding
Bockbier strong beer (light or dark), drunk especially in Bavaria
Bockwurst boiled sausage. A popular snack served with a bread roll
Böhmische Knödel sliced dumpling
Bohnensuppe thick bean and bacon soup
Bosniakerl wholemeal roll with caraway seeds
Brathähnchen roast chicken
Brathering fried herring (eaten cold)
Bratkartoffeln fried potatoes
Bratwurst fried sausage. A popular snack served with a bread roll
Brauner strong black coffee with a little milk
Bremer Kükenragout Bremen chicken fricassée
Brezel (or in Bavaria: **Brezn**) pretzel
Broiler spit-roasted chicken (East Germany)
Brühe clear soup
Brühwurst thick frankfurter
B'soffene pudding soaked in mulled wine
Buletten thick hamburgers (but without the bread)
Buletten mit Kartoffelsalat thick hamburgers with potato salad
Bündnerfleisch raw beef, smoked and dried, served thinly sliced
Burgenländische Krautsuppe thick cabbage and vegetable soup
Butterbrot open sandwich

Butterkäse high-fat cheese
Cervelat fine beef and pork salami
Cremeschnitten cream slices
Champignons button mushrooms
chinesisches Fondue hot broth fondue for dipping meat or vegetables
Cordon bleu veal escalope filled with boiled ham and cheese, covered in breadcrumbs
Currywurst sausage served with a spicy sauce A popular snack originally from Berlin
Dampfnudeln hot yeast dumplings
Datteln dates
Deutsches Beefsteak thick hamburger (but without the bread)
Doppelbockbier like **Bockbier**, but even stronger
Dresdner Suppentopf Dresden vegetable soup with dumplings (East Germany)
Dunkles dark beer
Eier im Glas soft-boiled eggs, served in a glass
Eierschwammerln chanterelles
Eierspeis special Viennese omelette
eingelegt pickled
Einmachsuppe chicken or veal broth with cream and egg
Einspänner coffee with whipped cream, served in a glass (Austria)
Eintopf stew
Eisbecher ice-cream sundae
Eisbein boiled pork knuckle, often served with sauerkraut

Eiskaffee iced coffee, served with vanilla ice cream
Eiswein a rich, naturally sweet, white wine made from grapes harvested after a period of frost
Emmentaler full-fat hard cheese
Erbach area producing scented white wines, mainly from the Riesling grape
Erbsenpüree green pea purée
Erbsensuppe pea soup
Erdäpfel potatoes (Austria)
Erdäpfelgulasch spicy sausage and potato stew
Erdäpfelknödel potato and semolina dumplings
Erdäpfelkren relish with potato and horseradish (Austria)
Erdäpfelnudeln fried balls of boiled potato, tossed in fried breadcrumbs
erster Gang first course
Export-Bier premium beer
Falscher Hase baked mince meatloaf
Faschiertes mince (Austria)
fettarm low-fat
Fischgerichte fish and seafood dishes
Fischklöße fish dumplings
Fischsuppe fish soup
flambiert flambé
Fleischgerichte meat dishes
Fleischklößchen meatballs
Fleischlaberln highly seasoned meat cake (Austria)
Fleischpflanzerl thick hamburgers
Fleischsalat sausage salad with onions
Fleischsuppe meat soup served with dumplings

Forelle blau steamed trout with potatoes and vegetables
Forelle Müllerin trout fried in batter with almonds
Frikadelle meatball, rissole
frisch fresh
Frischkäse cream cheese
Fritattensuppe beef broth with strips of pancake (Austria)
frittiert fried
Früchtetee fruit tea
Fruchtsaft fruit juice
Fünfkernbrot wholemeal bread made with five different cereals
Gang course
Gänseleber foie gras
Gänseleberpastete goose liver pâté
Gebäck baked goods
gebacken baked
gebackene Leber liver fried in breadcrumbs
gebraten roasted/fried
gedämpft steamed
gefüllt stuffed/filled
gefüllte Kalbsbrust stuffed breast of veal
gefüllte Paprika peppers filled with mince
gegrillt grilled
gegrillter Lachs grilled salmon
gekocht boiled
gemischter Salat mixed salad
Gemüselasagne vegetable lasagne
Gemüseplatte mixed vegetables

Gemüsesuppe vegetable soup
geräuchert smoked
geschmort braised
Geschnetzeltes thinly sliced meat in sauce, served with potatoes or rice
Geselchtes smoked meats (Austria)
Gespritzter spritzer, white wine and soda water
Gitziprägel baked rabbit in batter (a Swiss dish)
Glühwein mulled wine
Grammeln crispy bacon bits
Greyerzer gruyère cheese
Grießklößchensuppe soup with semolina dumplings
Grießtaler fried semolina dumplings
Grog hot rum
Grüne Soße cold creamy sauce with herbs
grüne Veltlinersuppe green wine soup
Güggeli roast chicken with onions and mushrooms in white wine sauce (Switzerland)
Gulasch stewed diced beef or pork with paprika
Gulaschsuppe spicy meat soup with paprika
Gulyas beef stew with paprika
Gumpoldskirchner spicy white wine from Austria
Gurkensalat cucumber salad
gutbürgerliche Küche traditional German cooking
Gyros doner kebab
Hackbraten meatloaf
Hackepeter auf Schrippen mit Zwiebeln spiced minced pork on rolls, with onions
Hähnchenbrust chicken breast

halbtrocken medium-dry
Hamburger Rundstück Hamburg meat roll
Hartkäse hard cheese
Hasenbraten roast hare
Hasenpfeffer rabbit stew
Hauptgericht main course
Hausbrauerei house brewery
hausgemacht home-made
Hausmannskost good traditional home cooking
Hawaiitoast toast with cooked ham, pineapple slice and melted cheese
Hefeweizen wheat beer
Heidschnuckenragout lamb stew
heiß hot
Helles light beer
Heringsschmaus herring in creamy sauce
Herz heart
Heuriger new wine
Himbeergeist raspberry schnapps
Hirn brain
Hockheim strong white wines from the Rheingau
Hühnerfrikasse chicken fricassée
Hühnerleber chicken liver
Hühnerschenkel chicken drumsticks
Jägerschnitzel escalope served with mushrooms and wine sauce
Johannisbeeren redcurrants, blackcurrants or whitecurrants
Jura-Omelette bacon, potato and onion omelette
Kaffee mit Milch coffee with milk

koffeinfreier Kaffee decaf
Kaisermelange black coffee with an egg yolk
Kaiserschmarren strips of pancake served with raisins, sugar and cinnamon
Kalbsbraten roast veal
Kalbshaxe knuckle of veal
Kalbskotelett veal chop
Kalbsleber calf's liver
Kalbsschnitzel veal escalope
kalt cold
kalte Platte cold meat platter
Kapuziner Austrian equivalent of a cappuccino, which is black coffee with a drop of milk
Karpfen blau poached carp
Kartoffelklöße potato dumplings
Kartoffelpuffer potato pancakes. A popular snack
Kartoffelpüree mashed potatoes
Kartoffelsalat potato salad
Kartoffelsuppe potato soup
Käsefondue dish made from melted cheese with wine and kirsch, into which you dip bread
Käsekrainer fried or grilled sausage containing pieces of melted cheese. A popular snack in Austria
Käsekuchen cheesecake
Käseplatte cheese platter
Käsesuppe cheese soup
Kasseler smoked pork
Kasseler Rippe mit Sauerkraut smoked pork rib with sauerkraut
Kastanien chestnut

Katenspeck streaky bacon
Kirschwasser cherry schnapps
Kirtagssuppe soup with caraway seeds, thickened with potato (Austria)
Klops rissole
Klöße dumplings
Knackwurst hot spicy sausage, a popular snack served with bread
Knödelbeignets fruit dumplings
Knöderl dumplings (Austria)
Kohlrouladen stuffed cabbage
Kohlsprossen Brussels sprouts (Austria)
Kölsch type of lager-style beer from Cologne
Kompott stewed fruit
Königsberger Klopse meatballs served in thick white sauce with capers
Kopfsalat lettuce salad
Korn rye spirit
Kotelett pork chop
Krabbencocktail prawn cocktail
Kraftbrot wheatgerm bread
Kraftfleisch corned beef
Kraftsuppe consommé
Kräutertee herbal tea
Krautwicke(r)l stuffed cabbage
Kristallweizen a type of sparkling beer
Kroketten croquettes
Labskaus cured pork, herring and potato stew
Lammkeule leg of lamb
Languste spiny lobster

Leberkäse pork liver meatloaf
Leberknödelsuppe light soup with chicken liver dumplings
Leberpastete liver paté
Leberwurst liver sausage
Lebkuchen gingerbread
Leinsamen with linseed
Leipziger Allerlei vegetable dish made from peas, carrots, cauliflower and cabbage (East Germany)
Lendenbraten roast loin
lieblich sweet (wine)
Likör liqueur
Limburger strong cheese flavoured with herbs
Linsensuppe lentil soup
Linzer Torte latticed tart with jam topping
Liptauer Quark cream cheese with paprika and herbs
Maiskolben corn on the cob
Malzbier dark malt beer
Marillenknödel apricot dumplings (Austria)
Maronitorte chestnut tart
Märzenbier stronger beer brewed for special occasions
Mastochsenhaxe knuckle of beef (with sauce) from Sachsen-Anhalt (East Germany)
Maß a litre of beer
Maultaschen ravioli-like pasta filled with a pork, veal and spinach mixture
Mehrkornbrötchen rolls made with several kinds of wholemeal flour

Melange milky coffee
Menü set menu
Mettenden sausage with a filling similar to mince
Milchrahmstrudel strudel filled with egg custard and curd cheese
Milchreis rice pudding
Milchshake milk shake
Mineralwasser mineral water
mit/ohne Kohlensäure carbonated/non-carbonated
Mirabellen small yellow plums
Mischbrot grey bread made with rye and wheat flour
Mittagstisch lunch menu
Mohn poppy seed
Mohnnudeln noodles with poppy seeds, cinnamon, sugar and butter
Mohntorte gâteau with poppy seeds
Mohr im Hemd chocolate pudding
Most fruit juice; (in the South) fruit wine
Münchener a kind of dark lager from Munich
Nierstein village on the Rhine producing medium to sweet white Rheinwein
Nockerln small dumplings
Nudelsuppe noodle soup
Nusskuchen nut cake
Nusstorte nut gâteau
Obers cream (Austria)
Obstkuchen fruit cake
Obstsalat fruit salad

Ochsenschwanzsuppe oxtail soup
Oppenheim village on the Rhine producing fine white wines
Palatschinken pancakes filled with curd mixture or jam or ice cream
paniert coated with breadcrumbs
Paprika pepper (vegetable); paprika
Pellkartoffeln small boiled potatoes served in their skins, often with Quark
Peperoni hot chilli pepper
Pfannkuchen pancake
Pfifferlinge chanterelles
Pflaumenkuchen plum tart
Pils, Pilsner a strong, slightly bitter lager
Pilzsuppe mushroom soup
Powidltascherl ravioli-like pasta filled with plum jam (Austria)
Pumpernickel very dark bread made with coarse wholemeal rye flour
Punschpudding pudding containing alcohol
Pute turkey
Putenschnitzel turkey breast in breadcrumbs
Quark curd cheese
Raclette melted cheese and potatoes
Radler beer with lemonade, shandy
Ragout stew
Rahmschnitzel escalope with a creamy sauce
Rahmsuppe creamy soup
Räucherkäse smoked cheese
Räucherlachs smoked salmon

Räucherspeck smoked bacon
Rehrücken roast saddle of venison
Reibekuchen potato cakes
Remoulade, Remouladensauce tartar sauce
Riesling Riesling wine
Rieslingsuppe wine soup made with Riesling
Rinderbraten roast beef
Rinderrouladen rolled beef (beef olives)
Rippenbraten roast spare ribs
Risi bisi, Risibisi rice with peas
roh raw
Rollmops marinated herring fillets rolled up with onion, gherkins and white peppercorns
Rosenkohl Brussels sprouts
Roséwein rosé wine
Rösti fried grated potatoes
rote Grütze raspberry, redcurrant and wine jelly
Roulade beef olive
Rührei scrambled eggs
Sachertorte rich chocolate gâteau
Saison season, e.g. **je nach Saison** = depending on the season
Salatbeilage side salad
Salz salt
Salzkartoffeln boiled potatoes
Sauerbraten braised pickled beef served with dumplings and vegetables
Sauerkraut shredded pickled white cabbage
Schafskäse ewe's milk cheese
scharf spicy

Schaschlik shish kebab
Schinkenkipferl ham-filled croissant
Schinkenwurst ham sausage
Schlachtplatte platter of cold meat and sausage
Schlagsahne whipped cream
Schmelzkäse cheese spread
Schmorgurken hotpot with cucumber and meat
Schnaps strong spirit, schnapps
Schnittlauchbrot chives on bread
Schnitzel escalope
Schokoladenfondue hot chocolate fondue for dipping fruit
Schokoladentorte chocolate gâteau
Schorle sparkling water mixed with wine or fruit juice
Schwammerlgulasch mushroom stew
Schwarzbrot rye bread, black bread
schwarzer Tee black tea
Schwarzwälder Kirschtorte Black Forest gâteau
Schwarzwälder Schinken Black Forest ham
Schweinebraten roast pork
Schweinekotelett pork chop
Schweinshaxe knuckle of pork
Schweinsrostbraten roast pork
Sekt sparkling wine
Selters(wasser) sparkling mineral water
Semmelknödel bread dumpling
Semmeln bread rolls
Seniorenteller small portion for senior citizens
Serviettenknödel sliced dumplings

Sliwowitz plum brandy
Sonnenblumenbrot wholemeal bread with sunflower seeds
Soße sauce
Spanferkel suckling pig
Spargelcremesuppe cream of asparagus soup
Spargelsalat asparagus salad
Spätzle small, soft pasta
Speck bacon (fat)
Speisekarte (printed) menu
Spezialität des Hauses speciality of the house/ chef's special
Spiegelei fried egg, sunny side up
Spieß kebab style
Sprudel sparkling mineral water
Stachelbeertorte gooseberry tart
Starkbier strong beer
Steinpilze porcini
Steirischer Selchkäse ewe's milk cheese (Austria)
Steirisches Lammkarree lamb baked with herbs (Austria)
Sterz polenta (Austria)
Stollen spiced loaf with candied peel traditionally eaten at Christmas
Strudel strudel
Sulz/Sülze aspic
süß sweet
süßsauer sweet-and-sour
Tafelspitz boiled beef of various cuts
Tafelspitzsulz beef in aspic

Tagesgericht dish of the day
Tagessuppe soup of the day
Tee mit Milch tea with milk
Tee mit Zitrone tea with lemon
Thüringer Rostbratwurst sausages from Thuringia, grilled or fried
Tilsiter medium-firm cow's milk cheese, often flavoured with caraway seeds
Tomatensaft tomato juice
Tomatensoße tomato sauce
Topf stew
Topfen curd cheese (Austria)
Topfenstrudel flaky pastry strudel with curd-cheese filling
Torte gâteau
Traubensaft grape juice
trocken dry (wine)
Türkischer Kaffee Turkish coffee
überbacken au gratin
vegetarische Gerichte vegetarian dishes
Vollkorn wholemeal
Vollkornbrot wholemeal bread
Vorspeisen starters
Waldpilze wild mushrooms
warmer Krautsalat salad of warm cabbage and crunchy bacon
Weichkäse soft cheese (similar to Brie or Camembert)
Weinkarte wine list
Weißbrot white bread
Weiße golden wheat beer

Weißkohl white cabbage
Weißwurst white sausage (veal and pork with herbs)
Weizenbier wheat beer
Westfälischer Schinken Westphalian ham
Wiener frankfurters
Wiener Kartoffelsuppe potato soup with mushrooms
Wiener Schnitzel veal escalope fried in breadcrumbs
Wiener Würstchen frankfurter
Wild game
Wildbraten roast venison
Wildgulasch game stew with paprika
Wildschwein wild boar
Wirsingkohl Savoy cabbage
Würstchen frankfurter
Würzfleisch strips of meat roasted in a spicy sauce
Zander pike-perch
Ziegenkäse goat's cheese
Zigeunerschnitzel escalope in paprika sauce
Zopf braided bread loaf
Zürcher Geschnetzeltes thinly sliced meat (veal or turkey), served with a wine sauce and mushrooms
Zwetschgendatschi damson tart
Zwiebelkuchen onion flan
Zwiebelrostbraten large steak with onions

Reference

Alphabet

Except for ä, ö, ü and ß (which corresponds to double s), the German alphabet is the same as the English. Below are the words used for clarification when spelling something out.

Wie schreibt man das? vee shrybt man das?	How do you spell it?
A wie Anton, B wie Berta ah vee **an**ton, beh vee **ber**ta	A for Anton, B for Berta

A (ä)	ah (ah **oom**lowt)	**Anton**	**an**ton
B	beh	**Berta**	**ber**ta
C	tseh	**Caesar**	**tseh**zahr
D	deh	**Dora**	**doh**rah
E	eh	**Emil**	**eh**meel
F	ef	**Friedrich**	**freed**rikh
G	geh	**Gustav**	**goos**taf

Reference

H	hah	**Heinrich**	**hyn**rikh
I	ee	**Ida**	**ee**dah
J	yot	**Julius**	**yoo**lee-oos
K	kah	**Konrad**	**kon**raht
L	el	**Ludwig**	**lood**vikh
M	em	**Martin**	**mahr**tin
N	en	**Nordpol**	**nort**pohl
O (ö)	oh (oh **oom**lowt)	**Otto**	**ott**oh
P	peh	**Paula**	**pow**lah
Q	koo	**Quelle**	**kvell**-e
R	er	**Richard**	**rikh**art
S	es	**Siegfried**	**zeek**freet
ß	es-**tset**	**Eszett**	ess-**tset**
T	teh	**Theodor**	**teh**-o-dohr
U (ü)	oo (oo **oom**lowt)	**Ulrich**	**ool**rikh
V	fow	**Viktor**	**vik**tohr
W	veh	**Wilhelm**	**vil**helm
X	iks	**Xanten**	**ksan**ten
Y	**uep**silon	**Ypsilon**	**uep**silon
Z	tset	**Zeppelin**	**tse**-pe-leen

Measurements and quantities

1 lb = approx. 0.5 kilo
1 pint = approx. 0.5 litre

Liquids

1/2 litre of... (approx. 1 pint)	**einen halben Liter...** **yn**-en **hal**ben **lee**ter...
a litre of...	**einen Liter...** **yn**-en **lee**ter...
a bottle of...	**eine Flasche...** **yn**-e **flash**-e...
a glass of...	**ein Glas...** yn glahs...
a small glass	**ein kleines Glas** yn **klyn**-es glahs
a large glass	**ein großes Glas** yn **groh**-ses glahs

Weights

100 grams of...	**hundert Gramm...** **hoon**dert gram...
a pound of... (approx. 500 g)	**ein Pfund...** yn pfoont...
a kilo of...	**ein Kilo...** yn **kee**loh...

Food

a slice of...	**eine Scheibe...** **yn**-e **shy**-be...
a portion of...	**eine Portion...** **yn**-e por-**tsiohn**...
a dozen...	**ein Dutzend...** yn **doot**sent...
a packet of...	**ein Paket...** yn pa**keht**...
a tin of...	**eine Dose...** **yn**-e **doh**-ze...
a jar of...	**ein Glas...** yn glahs...
a piece of...	**ein Stück...** yn shtuek...

Miscellaneous

10 euros worth of...	**für zehn Euro...** fuer tsehn **oy**roh...
a third	**ein Drittel** yn **dritt**el
a quarter	**ein Viertel** yn **feer**tel
ten per cent	**zehn Prozent** tsehn pro**tsent**
more...	**noch etwas...** nokh **et**vas...

Reference

less...	**weniger...** **veh**ni-ger...
enough	**genug** ge**nook**
double	**doppelt** **dopp**elt
twice	**zweimal** **tsvy**mahl
three times	**dreimal** **dry**mahl

Numbers

0	**null** nool
1	**eins** yns
2	**zwei** tsvy
3	**drei** dry
4	**vier** feer
5	**fünf** fuenf
6	**sechs** zeks
7	**sieben** **zee**ben
8	**acht** akht
9	**neun** noyn
10	**zehn** tsehn
11	**elf** elf

12 **zwölf** tsvur'lf
13 **dreizehn** **dry**-tsehn
14 **vierzehn** **feer**-tsehn
15 **fünfzehn** **fuenf**-tsehn
16 **sechzehn** **zekh**-tsehn
17 **siebzehn** **zeep**-tsehn
18 **achtzehn** **akh**-tsehn
19 **neunzehn** **noyn**-tsehn
20 **zwanzig** **tsvan**-tsikh
21 **einundzwanzig** **yn**-oont-tsvan-tsikh
22 **zweiundzwanzig** **tsvy**-oont-tsvan-tsikh
23 **dreiundzwanzig** **dry**-oont-tsvan-tsikh
24 **vierundzwanzig** **feer**-oont-tsvan-tsikh
25 **fünfundzwanzig** **fuenf**-oont-tsvan-tsikh
30 **dreißig** **dry**-sikh
40 **vierzig** **feer**-tsikh
50 **fünfzig** **fuenf**-tsikh
60 **sechzig** **zekh**-tsikh
70 **siebzig** **zeep**-tsikh
80 **achtzig** **akh**-tsikh
90 **neunzig** **noyn**-tsikh
100 **hundert** **hoon**dert
101 **hunderteins** **hoon**dert-yns
200 **zweihundert** **tsvy**-hoondert
1,000 **tausend** **tow**zent

2,000	**zweitausend**	**tsvy**-towzent
1 million	**eine Million**	**yn**-e mil**iohn**
1st	**erste**	**ehrs**-te
2nd	**zweite**	**tsvy**-te
3rd	**dritte**	**drit**-e
4th	**vierte**	**feer**-te
5th	**fünfte**	**fuenf**-te
6th	**sechste**	**zeks**-te
7th	**siebte**	**zeep**-te
8th	**achte**	**akh**-te
9th	**neunte**	**noyn**-te
10th	**zehnte**	**tsehn**-te

Days and months

Days (all **der** words)

Monday	**Montag**	**mohn**-tahk
Tuesday	**Dienstag**	**deens**-tahk
Wednesday	**Mittwoch**	**mit**-vokh
Thursday	**Donnerstag**	**donn**ers-tahk
Friday	**Freitag**	**fry**-tahk
Saturday	**Samstag**	**zams**-tahk
Sunday	**Sonntag**	**zon**-tahk

Months

January	**Januar**	**yan**oo-ahr
February	**Februar**	**fehb**roo-ahr
March	**März**	merts
April	**April**	ap**ril**
May	**Mai**	my
June	**Juni**	**yoo**nee
July	**Juli**	**yoo**lee
August	**August**	ow**goost**
September	**September**	zep**tem**ber
October	**Oktober**	ok**toh**ber
November	**November**	no**vem**ber
December	**Dezember**	deh**tsem**ber

Seasons

spring	**Frühling**	**frue**ling
summer	**Sommer**	**zomm**er
autumn	**Herbst**	herpst
winter	**Winter**	**vin**ter

What is today's date? **Was für ein Datum haben wir heute?**
vas fuer yn **dah**toom **hah**ben veer **hoy**-te?

It's March 5 2016	**Heute ist der fünfte März zweitausendundsechzehn** **hoy**-te ist dehr **fuenf**-te merts **tsvy**-towzent-oont-**zekh**-tsehn
on Saturday	**am Samstag** am **zams**-tahk
on Saturdays	**samstags** **zams**-tahks
every Saturday	**jeden Samstag** **yeh**den **zams**-tahk
this Saturday	**diesen Samstag** **dee**zen **zams**-tahk
next Saturday	**nächsten Samstag** **neh**-ksten **zams**-tahk
last Saturday	**letzten Samstag** **lets**ten **zams**-tahk
in June	**im Juni** im **yoo**nee
at the beginning of June	**Anfang Juni** **an**fang **yoo**nee
at the end of June	**Ende Juni** **en**-de **yoo**nee
before the summer	**vor dem Sommer** fohr dehm **zomm**er
during the summer	**im Sommer** im **zomm**er
after the summer	**nach dem Sommer** nahkh dehm **zomm**er

Time

The 24-hour clock is used a lot more in continental Europe than in Britain. After 12.00 midday, it continues: **13.00 - dreizehn Uhr**, **14.00 - vierzehn Uhr**, **15.00 - fünfzehn Uhr**, etc. until **24.00 - vierundzwanzig Uhr**. With the 24-hour clock, the words **viertel** (quarter) and **halb** (half) aren't used:

13.15 (1.15 p.m.)	**dreizehn Uhr fünfzehn**
19.30 (7.30 p.m.)	**neunzehn Uhr dreißig**
22.45 (10.45 p.m.)	**zweiundzwanzig Uhr fünfundvierzig**

What time is it, please?	**Wie spät ist es, bitte?** vee shpeht ist es, **bit**-e?
a.m.	**morgens** **mor**gens
p.m.	**abends** **ah**bents
It's...	**Es ist...** es ist...
2 o'clock	**zwei Uhr** tsvy oo-er
3 o'clock	**drei Uhr** dry oo-er

Reference

6 o'clock (etc.)	**sechs Uhr** zeks oo-er
It's half past 8	**Es ist halb neun** (in German you say half to 9) es ist halp noyn
at midnight	**um Mitternacht** oom **mitt**er-nakht
9	**neun Uhr** noyn oo-er
9.10	**neun Uhr zehn** noyn oo-er tsehn
quarter past 9	**Viertel nach neun** (Austria: **viertel zehn**) **feer**tel nahkh noyn
9.20	**neun Uhr zwanzig** noyn oo-er **tsvan**-tsikh
half past 9/9.30	**halb zehn/neun Uhr dreißig** halp tsehn/noyn oo-er **dry**-sikh
9.35	**neun Uhr fünfunddreißig** noyn oo-er **fuenf**-oont-**dry**-sikh
quarter to 10	**Viertel vor zehn** (Austria: **drei viertel zehn**) **feer**tel fohr tsehn
10 to 10	**zehn vor zehn** tsehn fohr tsehn

Reference

Time phrases

When do you open?	**Wann öffnen Sie?** van **<u>ur'</u>f**nen zee?
When do you close?	**Wann schließen Sie?** van **shlee**-sen zee?
at 3 o'clock	**um drei Uhr** <u>oo</u>m dry oo-er
before 3 o'clock	**vor drei Uhr** fohr dry oo-er
after 3 o'clock	**nach drei Uhr** nahkh dry oo-er
today	**heute** **hoy**-te
tonight	**heute Abend** **hoy**-te **ah**bent
tomorrow	**morgen** **mor**gen
yesterday	**gestern** **ges**tern

Public holidays

Only German public holidays are listed here: those in Austria and Switzerland differ. The holidays marked * are not observed in all regions of Germany.

January 1	**Neujahr** New Year's Day
January 6*	**Heilige Drei Könige** Epiphany
March/April	**Karfreitag** Good Friday
	Ostersonntag Easter Day
	Ostermontag Easter Monday
May	**Erster Mai/Maifeiertag** May Day/Labour Day
May/June	**Christi Himmelfahrt** Ascension
May/June	**Pfingstsonntag** Whit Sunday
	Pfingstmontag Whit Monday
May/June*	**Fronleichnam** Corpus Christi
August 15*	**Mariä Himmelfahrt** Assumption
October 3	**Tag der deutschen Einheit** Day of German Unity
October 31*	**Reformationstag** Day of Reformation
November 1*	**Allerheiligen** All Saints' Day
November*	**Buß- u. Bettag** Day of Repentance

December 25	**Erster Weihnachtstag** Christmas Day
December 26	**Zweiter Weihnachtstag/ Stephanstag** Boxing Day/ St Stephen's Day

Phonetic maps

When travelling in Austria and Germany, you will need to bear in mind that place names as we know them are not necessarily the same in German. Imagine if you wanted to buy tickets at a train station but couldn't see your destination on the departures list! These handy maps eliminate such problems by indicating the locations and local pronunciations of major towns and cities.

Hamburg
hamboorg
Bremen
breh-men
Hamburg
Berlin
ber**leen**
Hannover
han-over
Bremen
Berlin
Hanover
Leipzig
lyp-tzikh
Dusseldorf
Leipzig
Cologne
Dresden
Dresden
drezden
Düsseldorf
duesel-dorf
Frankfurt am Main
frank-foort am myn
Köln
kur'ln
Frankfurt
Munich
Freiburg
München
muenkhen
Freiburg im Breisgau
fryboorg im **brys**-gow

Grammar

Nouns

In German all nouns begin with a capital letter. The plural form varies from noun to noun: there is no universal plural as in English (cat – cats, dog – dogs):

singular	plural
Mann	**Männer**
Frau	**Frauen**
Tisch	**Tische**

In the Dictionary, irregular German plural forms appear in brackets after the headword.

German nouns are masculine *(m)*, feminine *(f)* or neuter *(nt)*, and this is shown by the words for *the* and *a(n)* used before them:

	masculine	feminine	plural
the	**der Mann**	**die Frau**	**das Licht**
a, an	**ein Mann**	**eine Frau**	**ein Licht**

The plural of *the* for all nouns is **die**:
die Männer **die Frauen** **die Lichter**

There is no plural of **ein**: the plural noun is used on its own.

From the phrases in this book you will see that the endings of the words for *the* and *a(n)* vary according to the part the noun plays in a sentence.

Several other words used before nouns have similar endings to **der** and **ein**.

Those like **der** are:
dieser this; **jener** that; **jeder** each;
welcher which

Those like **ein** are:
mein my; **dein** your (informal sing.);
Ihr your (formal sing. and plural); **sein** his;
ihr her; **unser** our; **euer** your (informal plural);
ihr their

The word **kein** (no, not any) also has the same endings as **ein**, except that it can be used in the plural: **keine Männer**

Adjectives

When adjectives are used before a noun, their endings vary like the words for **der** and **ein**, depending on the gender (masculine, feminine or neuter), whether the noun is plural, and how the noun is used in the sentence (whether it is the subject, object, etc.). Here are examples using the adjective **klug** - clever:

	with der	with ein
Masculine	der kluge Mann	ein kluger Mann
Feminine	die kluge Frau	eine kluge Frau
Neuter	das kluge Kind	ein kluges Kind
Plural	die klugen Kinder	kluge Kinder

When the adjective follows the verb, there is no agreement: **der Mann ist klug; die Frau ist klug; das Kind ist klug**

My, your, his, her...

These words all take the same endings as **ein**, and they agree with the noun they accompany, i.e. whether masculine, feminine, neuter or plural, and according to the function of the noun in the sentence:

mein Mann kommt my husband is coming *(subject)*
ich liebe meinen Mann I love my husband *(object)*
meine Kinder kommen my children are coming *(nom. pl.)*

Other words which take these endings are:

dein	your (informal sing.)
sein	his
ihr	her
unser	our
euer	your (informal plural)

Ihr	your (formal sing. and plural)
ihr	their

subject		direct object	
I	**ich**	me	**mich**
you (informal sing.)	**du**	you (informal sing.)	**dich**
he/it	**er**	him/it	**ihn**
she/it	**sie**	her/it	**sie**
it (neuter)	**es**	it (neuter)	**es**
we	**wir**	us	**uns**
you (informal pl.)	**ihr**	you (informal pl.)	**euch**
you (formal sing. & pl.)	**Sie**	you (formal sing. & pl.)	**Sie**
they (all genders)	**sie**	them (all genders)	**sie**

Pronouns

Indirect object pronouns are:
to me **mir**; to you (informal sing.) **dir**; to him/it **ihm**; to her/it **ihr**; to it (neuter) **ihm**; to us **uns**; to you (informal plural) **euch**; to you (formal sing. and plural) **Ihnen**; to them **ihnen**

You

There are two ways of addressing people in German: informal and formal. The informal forms are **du** (used when talking to just one person you know well) and **ihr** (used when talking to more than one person you know well). The formal form is **Sie** (always written with a capital letter), which can be used to address one or more people.

Verbs

There are two main types of verb in German: weak verbs (which are regular) and strong verbs (which are irregular).

	weak		**strong**	
	spielen	**kaufen**	**sein**	**haben**
	to play	to buy	to be	to have
ich	**spiele**	**kaufe**	**bin**	**habe**
du	**spielst**	**kaufst**	**bist**	**hast**
er/sie/es	**spielt**	**kauft**	**ist**	**hat**
wir	**spielen**	**kaufen**	**sind**	**haben**
ihr	**spielt**	**kauft**	**seid**	**habt**
Sie	**spielen**	**kaufen**	**sind**	**haben**
sie	**spielen**	**kaufen**	**sind**	**haben**

To make a verb negative, add **nicht**:

ich verstehe nicht I don't understand
das funktioniert nicht it doesn't work

Past tense

Here are a number of useful past tenses:

ich war	I was
wir waren	we were
Sie waren	you were (formal)
ich hatte	I had
wir hatten	we had
Sie hatten	you had (formal)
ich/er/sie/es spielte	I/he/she/it played
Sie/wir/sie spielten	you/we/they played
ich/er/sie/es half	I/he/she/it helped
Sie/wir/sie halfen	you/we/they helped

Another past form corresponds to the English '*have ...ed*' and uses the verb **haben** 'to have':

ich habe gespielt	I have played
wir haben geholfen	we have helped

Future

In German the present tense is very often used where we would use the future tense in English:

ich schicke eine E-Mail	I will send an e-mail
ich schreibe einen Brief	I will write a letter

A

English	German	Pronunciation
a	ein, eine	yn, **yn**-e
able: ***to be able***	können	**kur'**nen
about (concerning)	über	**ue**ber
above (overhead)	oben	**oh**ben
(higher than)	über	**ue**ber
abroad	im Ausland	im **ows**lant
to accept	akzeptieren	ak-tsep**teer**-ren
accident	der Unfall	**oon**fal
accommodation	die Unterkunft	**oon**terkoonft
to accompany	begleiten	be**gly**ten
account (bill)	die Rechnung	**rekh**noong
to ache: ***it aches***	es tut weh	es toot veh
address	die Adresse	a-**dres**-e
admission fee	der Eintrittspreis	**yn**trits-prys
adult	der/die Erwachsene	er**vak**-se-ne
advance: ***in advance***	im Voraus	im **fohr**ows
to advise	raten	**raht**en
aeroplane	das Flugzeug	**flook**-tsoyk
afraid: ***to be afraid of***	Angst haben vor	angst **hah**ben fohr
after (afterwards)	danach	da**nahkh**
after lunch	nach dem Mittagessen	nahkh dem **mitt**ahk-essen
afternoon	der Nachmittag	**nahkh**-mittahk
again	wieder	**vee**der
against	gegen	**geh**gen
age	das Alter	**al**ter
ago: ***a week ago***	vor einer Woche	fohr **yn**-er **vokh**-e
to agree	vereinbaren	fer-**yn**bahren
air	die Luft	looft
air conditioning	die Klimaanlage	**klee**ma-**an**lahge
air mail: ***by air mail***	per Luftpost	per **looft**post
airport	der Flughafen	**flook**-hahfen
airport bus	der Flughafenbus	**flook**-hahfen-boos
air ticket	das Flugticket	**flook**-tikket
alarm call	der Weckruf	**vek**roof
alarm clock	der Wecker	**vekk**er

alcohol	der Alkohol	**al**ko-hohl
alcohol-free	alkoholfrei	alko-**hohl**fry
alcoholic	alkoholisch	alko-**hohl**ish
all	alle	**al**-e
allergic: ***to be allergic to***	allergisch sein gegen	a-**ler**-gish zyn **geh**gen
allergy	die Allergie	a-ler-**gee**
to allow	erlauben	er**low**ben
to be allowed	dürfen	**duer**fen
all right (agreed)	in Ordnung	in **ort**noong
almost	fast	fast
alone	allein	a-**lyn**
Alps	die Alpen	**al**pen
already	schon	shohn
also	auch	owkh
always	immer	**imm**er
a.m. (small hours)	nachts	nakhts
(morning)	vormittags	**fohr**-mittahks
America	Amerika	a**meh**rika
American adj	amerikanisch	amehri**kah**nish
amount: ***total amount***	die Gesamtsumme	ge**zamt**-**zoom**-e
and	und	oont
angry	zornig	**tsor**nikh
animal	das Tier	teer
annual	jährlich	**yehr**likh
answer	die Antwort	**ant**vort
to answer	antworten	**ant**vorten
any	jegliche(r/s)	**yehk**-likh-e
anybody	jeder, irgendjemand	**yeh**der, **ir**gent-**yeh**mant
anything	irgendetwas	**ir**gent-**et**vas
anywhere	irgendwo	**ir**gent-voh
apartment	das Appartement	a-**par**-te-ment
appointment	der Termin	ter**meen**
approximately	ungefähr	**oon**-ge-fehr
arm	der Arm	arm
to arrest	verhaften	fer**haf**ten
arrival	die Ankunft	**an**koonft
to arrive	ankommen	**an**kommen
art gallery	die Kunsthalle	**koonst**halle

English	German	Pronunciation
artist	der/die Künstler(in)	**kuenst**ler(in)
to ask (question)	fragen	**frah**gen
(for something)	bitten um	**bitt**en oom
asleep: ***to be asleep***	schlafen	**shlah**fen
to fall asleep	einschlafen	**yn**-shlahfen
ATM	der Geldautomat	**gelt**-owtoh-**maht**
audience	das Publikum	**poo**blikoom
aunt	die Tante	**tan**-te
Australia	Australien	ow**strah**-li-en
Australian adj	australisch	ow**strah**lish
Austria	Österreich	**ur's**ter-rykh
Austrian adj	österreichisch	**ur's**ter-rykhish
automatic	automatisch	owtoh-**mah**tish
available	erhältlich	er**helt**likh
awake	wach	vakh
away	weg	vek
awful	schrecklich	**shrek**likh

B

English	German	Pronunciation
baby	das Baby	**beh**bee
back (of body, hand)	der Rücken	**rue**kken
backpack	der Rucksack	**rook**sak
bacon	der Speck	shpek
bad (weather, etc.)	schlecht	shlekht
(fruit, vegetables)	verdorben	fer**dor**ben
bag	die Tasche	**tash**-e
baggage allowance	das Freigepäck	**fry**-ge**pek**
baked	gebacken	ge**bakk**en
baker's	die Bäckerei	bek-e-**ry**
Baltic Sea	die Ostsee	**ost**zeh
bank	die Bank	bank
bank account	das Bankkonto	**bank**kontoh
banknote	der Geldschein	**gelt**shyn
barbecue	der Grill	gril
Basle	Basel	**bah**zel
bath	das Bad	baht
(tub)	die Badewanne	**bah**-de-**van**-ne
to have a bath	ein Bad nehmen	yn baht **neh**men

bathroom	das Badezimmer	**bah**-de-**tsimm**er
battery	die Batterie	ba-te-**ree**
to be	sein	zyn
beach	der Strand	shtrant
beautiful	schön	shur'n
because	weil	vyl
to become	werden	vehrden
bed	das Bett	bet
bed and breakfast	Übernachtung mit Frühstück	ueber**nakht**-oong mit **frue**shtuek
bedroom	das Schlafzimmer	**shlahf**-tsimmer
beef	das Rindfleisch	rintflysh
beer	das Bier	beer
before	vor	fohr
to begin	beginnen	be**ginn**en
behind	hinter	**hin**ter
to belong to	gehören zu	ge**hur'**-en tsoo
below	unterhalb	**oon**terhalp
beside (next to)	neben	**neh**ben
better than	besser als	**bess**er als
between	zwischen	**tsvi**shen
bicycle: ***by bicycle***	mit dem Fahrrad	mit dehm **fahr**-raht
big	groß	grohs
bigger than	größer als	**grur'**ser als
bill (account)	die Rechnung	**rekh**noong
bin (dustbin)	der Mülleimer	**muel**-ymer
bird	der Vogel	**foh**gel
birthday	der Geburtstag	ge**boorts**tahk
biscuits	die Kekse	**kehk**-se
bit (piece)	das Stück	shtuek
a bit (a little)	ein bisschen	yn **bis**khen
bite (by insect)	der Biss	bis
(of food)	der Bissen	**biss**en
bitten (by insect)	gestochen	ge-**shtokh**-en
black	schwarz	shvarts
to bleed	bluten	**bloo**ten
blind (person)	blind	blint
blister	die Blase	**blah**-ze
blond (person)	blond	blont
blood pressure	der Blutdruck	**bloot**drook

blouse	die Bluse	**bloo**-ze
to blow-dry	föhnen	**fur'**nen
blue	blau	blow
blunt (blade)	stumpf	shtoompf
to board (plane, train, etc.)	einsteigen	**yn**-stygen
boarding card/ pass	die Bordkarte	**bort**kar-te
boat (large)	das Schiff	shif
(small)	das Boot	boht
boat trip	die Bootsfahrt	**bohts**fahrt
boiled	gekocht	ge**kokht**
book	das Buch	bookh
to book	buchen	**boo**-khen
booking (in hotel, train, etc.)	die Reservierung	re-zer-**veer**-roong
bookshop	die Buchhandlung	**bookh**-hantloong
boots	die Stiefel	**shtee**fel
boring	langweilig	**lang**vylikh
born	geboren	ge**boh**ren
to borrow	borgen	**bor**gen
boss	der/die Chef(in)	shef(in)
both	beide	**by**-de
bottle	die Flasche	**flash**-e
box office	die Kasse	**kas**-e
boy	der Junge	**yoong**-e
boyfriend	der Freund	froynt
bread	das Brot	broht
brown bread	Vollkornbrot	**fol**kohrn-broht
sliced bread	geschnittenes Brot	ge**shnitt**-e-nes broht
white bread	Weißbrot	**vys**broht
bread roll	das Brötchen	**brur't**-khen
to break (object)	zerbrechen	tser**brekh**en
breakdown (car)	die Panne	**pan**-e
breakfast	das Frühstück	**frue**shtuek
bridge	die Brücke	**brue**-ke
briefcase	die Aktentasche	**ak**ten-tash-e
to bring	bringen	**bring**-en
Britain	Großbritannien	grohsbri**ta**-ni-en
British	britisch	**bri**tish
broadband	das Breitband	**bryt**bant

brochure	die Broschüre	bro**shue**-re
broken	gebrochen	ge**brokh**en
broken down (car, etc.)	kaputt	ka**poot**
brother	der Bruder	**broo**der
brown	braun	brown
buffet car	der Speisewagen	**shpy**-ze-**vah**gen
to build	bauen	**bow**en
building	das Gebäude	ge**boy**-de
burger	der Hamburger	**ham**boorger
bus	der Bus	boos
business	das Geschäft	ge**sheft**
on business	geschäftlich	ge**sheft**likh
business card	die Visitenkarte	vi**zee**ten-kar-te
business trip	die Geschäftsreise	ge**shefts**-ry-ze
bus station	der Busbahnhof	**boos**-bahn-hohf
bus stop	die Bushaltestelle	**boos**-hal-te-shtel-e
bus ticket	der Busfahrschein	**boos**-fahr-shyn
bus tour	die Busfahrt	**boos**fahrt
busy	beschäftigt	be**shef**tikht
but	aber	**ah**ber
butcher's	die Fleischerei	fly-she-**ry**
to buy	kaufen	**kow**fen
by (beside)	bei	by
(via)	über	**ue**ber
by bus	mit dem Bus	mit dehm boos

C

cake	der Kuchen	**koo**khen
cake shop	die Konditorei	kon-di-to-**ry**
call (on phone)	der Anruf	**an**roof
to call (on phone)	anrufen	**an**roofen
calm (person)	ruhig	**roo**ikh
(weather)	windstill	**vint**shtill
to camp	campen	**kem**pen
campsite	der Campingplatz	**kem**pingplats
can (to be able)	können	**kur'**nen
Canada	Kanada	**ka**nada
Canadian adj	kanadisch	ka**nah**dish
to cancel	stornieren	shtor**neer**-ren
cancellation	die Stornierung	shtor**neer**-roong

car	das Auto	**ow**toh
careful	vorsichtig	**fohr**zikh-tikh
be careful!	passen Sie auf!	**pass**en zee owf!
car ferry	die Autofähre	**ow**toh-feh-re
car park	der Parkplatz	**park**plats
to carry	tragen	**trah**gen
case (suitcase)	der Koffer	**koff**er
cash	das Bargeld	**bahr**gelt
cash desk	die Kasse	**kas**-e
cash machine	der Geldautomat	**gelt**-owtoh-**maht**
castle	das Schloss	shlos
cat	die Katze	**kat**-se
to catch (bus, etc.)	nehmen	**neh**men
cathedral	der Dom	dohm
cent (euro)	der Cent	sent
centre	das Zentrum	**tsen**troom
cereal (breakfast)	die Cornflakes	**korn**flehks
certain (sure)	sicher	**zikh**er
chair	der Stuhl	shtool
change (money)	das Wechselgeld	**vek**selgelt
to change	ändern	**en**dern
(bus, train, etc.)	umsteigen	**oom**-stygen
to change money	Geld wechseln	gelt **vek**seln
to change clothes	sich umziehen	zikh **oom**-tsee-en
changing room	die Umkleidekabine	**oom**-kly-de-ka**bee**-ne
charge (fee)	die Gebühr	ge**buer**
to charge (battery)	aufladen	**owf**lahden
(money)	berechnen	be**rekh**nen
charge card (for mobile phone)	die Guthabenkarte	**goot**-hahben-**kar**-te
cheap	billig	**bill**ikh
cheap rate	der Billigtarif	**bill**ikhta-**reef**
to check in	einchecken	**yn**-chekken
(at hotel)	sich an der Rezeption anmelden	zikh an dehr re-tsep-**tsiohn an**melden
cheers! (toast)	Prost!	prohst!
chef	der Koch/die Köchin	kokh/**kur'**khin
chemist's	die Drogerie	dro-ge-**ree**
(for medicines)	die Apotheke	apo-**teh**-ke

chicken	das Hühnchen	**huen**khen
child	das Kind	kint
chips (French fries)	die Pommes frites	pom**frit**
chocolate	die Schokolade	shoko**lah**-de
chocolates	die Pralinen	pra**lee**nen
to choose	auswählen	**ows**vehlen
Christmas	Weihnachten	**vy**nakhten
Christmas Eve	Heiligabend	**hy**likh-**ah**bent
church	die Kirche	**kir**-khe
cinema	das Kino	**kee**noh
city centre	das Stadtzentrum	**shtat**-tsentroom
clean	sauber	**zow**ber
to clean	säubern	**zoy**bern
clear	klar	klahr
client	der Kunde/die Kundin	**koon**-de/**koon**din
to climb (mountains)	klettern	**klett**ern
to close	schließen	**shlee**-sen
closed	geschlossen	ge**shloss**en
clothes	die Kleider	**kly**der
clothes shop	das Bekleidungsgeschäft	be**kly**doongs-ge**sheft**
cloudy	bewölkt	be**vur'lkt**
coach (bus)	der Bus	boos
coach station	der Busbahnhof	**boos**-bahn-hohf
coach trip	die Busreise	**boos**-ry-ze
cocoa	der Kakao	ka**kow**
coffee	der Kaffee	ka**feh**
cold	kalt	kalt
Cologne	Köln	kur'ln
colour	die Farbe	**far**-be
to come	kommen	**komm**en
to come back	zurückkommen	tsoo**ruek**-kommen
comfortable	bequem	be**kvehm**
company (firm)	die Firma	**feer**ma
compartment (in train)	Abteil	ab**tyl**
to complain	sich beschweren	zikh be**shveh**ren
complaint	die Beschwerde	be**shvehr**-de
complete	vollständig	fol-**shten**dikh

concession	die Ermäßigung	er-**meh**si-goong
conference	die Konferenz	kon-fe-**rents**
to confirm	bestätigen	be-**shteh**ti-gen
confirmation (flight, etc.)	die Bestätigung	be-**shteh**ti-goong
connection (train, etc.)	die Verbindung	fer**bin**doong
convenient: ***is it convenient?***	passt das so?	past das zoh?
to cook	kochen	**kokh**en
cooked	gekocht	ge**kokht**
cookies	die Kekse	**kehk**-se
cool	kühl	kuel
copy (duplicate)	die Kopie	ko**pee**
to copy	kopieren	ko**peer**-ren
corridor	der Flur	floo-er
cost (price)	die Kosten	**kos**ten
cotton	die Baumwolle	**bowm**vol-le
country	das Land	lant
couple	das Paar	pahr
a couple of...	ein paar...	yn pahr...
courier service	der Kurierdienst	koo**reer**deenst
course (of study)	der Kurs	koors
(of meal)	der Gang	gang
cousin	der Cousin/die Cousine	koo**zeng**/koo**zee**-ne
cover charge (in restaurant)	der Gedeckpreis	ge**dek**prys
cow	die Kuh	koo
crafts	das Kunsthandwerk	**koonst**-hantverk
to crash	einen Unfall haben	**yn**-en **oon**fal **hah**ben
cream (lotion)	die Creme	krehm
(on milk)	die Sahne	**zah**-ne
cream cheese	der Frischkäse	**frish**keh-ze
credit (on mobile phone)	das Guthaben	**goot**-hahben
credit card	die Kreditkarte	kre**dit**-kar-te
to cross (road)	überqueren	ueber**qveh**ren
crowded	überfüllt	ueber**fuelt**
cruise	die Kreuzfahrt	**kroyts**fahrt
to cry (weep)	weinen	**vy**nen

cucumber	die Gurke	**goor**-ke
cup	die Tasse	**tas**-e
currency	die Währung	**veh**roong
custom (tradition)	der Brauch	browkh
customer	der Kunde/die Kundin	**koon**-de/**koon**din
customs (duty)	der Zoll	tsol
to cut	schneiden	**shny**den
cutlery	das Besteck	be**shtek**
to cycle	Rad fahren	**raht**fahren
cycle track	der Radweg	**raht**vehg

D

daily (each day)	täglich	**tehk**likh
dairy products	die Milchprodukte	**milkh**pro-dook-te
damage	der Schaden	**shah**den
damp	feucht	foykht
to dance	tanzen	**tan**tsen
dangerous	gefährlich	ge**fehr**likh
dark	dunkel	**doong**kel
date of birth	das Geburtsdatum	ge**boorts**-**dah**toom
daughter	die Tochter	**tokht**er
day	der Tag	tahk
dead	tot	toht
debit card	die Debitkarte	de**bit**-kar-te
debts	die Schulden	**shool**den
decaffeinated	koffeinfrei	koffeh-**een**fry
to declare: *nothing to declare*	nichts zu verzollen	nikhts tsoo fer**tsoll**en
deep	tief	teef
to defrost	entfrosten	ent**fros**ten
to de-ice	enteisen	ent**ys**-en
delay	die Verspätung	fer-**shpeh**toong
delicatessen	das Feinkostgeschäft	**fyn**-kost-ge**sheft**
delicious	köstlich	**kur'st**likh
deodorant	das Deo	**deh**-oh
to depart	abfahren	**ap**fahren
department store	das Kaufhaus	**kowf**hows

English	German	Pronunciation
departure (plane)	die Abfahrt der Abflug	**ap**fahrt **ap**flook
deposit	die Anzahlung	**an**tsahloong
dessert	der Nachtisch	**nahkh**-tish
diabetic (person)	der Diabetiker/die Diabetikerin	dee-a**beh**tiker/dee-a**beh**tiker-rin
dialling code	die Vorwahl	**fohr**vahl
dialling tone	der Wählton	**vehl**tohn
diarrhoea	der Durchfall	**doorkh**fal
dictionary	das Wörterbuch	**vur**-ter-bookh
to die	sterben	**shter**ben
diet	die Diät	di-**eht**
different	verschieden	fer**shee**den
difficult	schwierig	**shveer**-ikh
dining room	das Esszimmer	**es**-tsimmer
dinner (evening meal)	das Abendessen	**ah**bent-essen
direct (route) (train, etc.)	direkt durchgehend	di**rekt** **doorkh**-geh-ent
directory (phone)	das Telefonbuch	tele**fohn**-bookh
directory enquiries	die Auskunft	**ows**koonft
dirty	schmutzig	**shmoot**sikh
to disappear	verschwinden	fer**shvin**den
discount	der Rabatt	ra**bat**
dish (food)	das Gericht	ge-**rikht**
disposable	wegwerfbar	**vek**verfbahr
to disturb	stören	**shtur'**-ren
diversion	die Umleitung	**oom**lytoong
divorced	geschieden	ge**shee**den
dizzy	schwindlig	**shvint**likh
to do	machen	**makh**en
doctor	der Arzt/die Ärztin	artst/**ehrts**tin
documents	die Dokumente	dokoo**men**-te
dog	der Hund	hoont
domestic (flight)	Inlands-	**in**lants
door	die Tür	tuer
double bed	das Doppelbett	**dop**pelbet
double room	das Doppelzimmer	**dop**pel-**tsimm**er
doughnut	der Donut	**doh**-noot
draught lager	das Fassbier	**fas**beer

to dress (get dressed)	sich anziehen	zikh **an**tsee-en
dressing (for food)	die Soße	**zoh**-se
drink	das Getränk	ge**trenk**
to drink	trinken	**tring**ken
drinking water	das Trinkwasser	**trink**vasser
to drive	fahren	**fah**ren
driver (of car)	der Fahrer/die Fahrerin	**fah**rer/**fah**rer-rin
driving licence	der Führerschein	**fuer**-rer-shyn
dry	trocken	**trokk**en
to dry	trocknen	**trok**nen
dry cleaner's	die Reinigung	**ry**nigoong
during	während	**veh**rent
duty-free	zollfrei	**tsol**fry
duvet	die Bettdecke	**bet**dek-e

E

each	jede(r/s)	**yeh**-de(r/s)
ear	das Ohr	ohr
earlier	früher	**frue**-er
early	früh	frue
east	der Osten	**os**ten
Easter	Ostern	**oh**stern
easy	leicht	lykht
to eat	essen	**ess**en
economy class	die Touristenklasse	too**ris**ten-klas-e
egg	das Ei	y
electric razor	der Elektrorasierer	e**lek**tro-ra**zeer**-rer
elevator	der Fahrstuhl	**fahr**shtool
embassy	die Botschaft	**boht**shaft
emergency	der Notfall	**noht**fal
empty	leer	lehr
end	das Ende	**en**-de
engaged (to marry)	verlobt	fer**lohpt**
(toilet, telephone)	besetzt	be**zetst**
enough	genug	ge**nook**
that's enough	es reicht	es rykht
enquiry desk	die Auskunft	**ows**koonft
entrance	der Eingang	**yn**-gang

entrance fee	der Eintrittspreis	**yn**-trits-prys
equal	gleich	glykh
equipment	die Ausrüstung	**ows**ruestoong
error	der Fehler	**feh**ler
escalator	die Rolltreppe	**rol**trep-e
to escape	entkommen	ent**kom**men
essential	wesentlich	**veh**zentlikh
euro	der Euro	**oy**roh
Europe	Europa	oy**roh**pa
European adj	europäisch	oyro**peh**-ish
evening	der Abend	**ah**bent
every (each)	jede(r/s)	**yeh**-de(r/s)
everyone	jeder	**yeh**der
everything	alles	**al**-es
everywhere	überall	ueber-**al**
example: ***for example***	zum Beispiel	tsoom **by**shpeel
excellent	ausgezeichnet	owsge-**tsykh**-net
except	außer	**ow**ser
excess baggage	das Übergepäck	**ue**ber-ge**pek**
to exchange	tauschen	**tow**shen
(money)	wechseln	**vek**seln
exchange rate	der Wechselkurs	**vek**selkoors
exciting	aufregend	**owf**rehgent
excuse me! (sorry)	Entschuldigung!	ent**shool**di-goong!
exit	der Ausgang	**ows**gang
expenses	die Spesen	die **shpeh**zen
expensive	teuer	**toy**er
to expire (ticket, etc.)	ungültig werden	**oon**-gueltikh **vehr**den
to explain	erklären	er**kleh**ren
explanation	die Erklärung	er**kleh**roong
express (train)	der Schnellzug	**shnel**-tsook
extra (spare)	übrig	**ue**brikh
(more)	noch ein/eine	nokh yn/**yn**-e
eye	das Auge	**ow**-ge

F

face	das Gesicht	ge**zikht**
facilities	die Einrichtungen	**yn**-rikhtoong-en

to faint	ohnmächtigwerden	**ohn**mekh-tikh **vehr**den
fair (hair)	blond	blont
(just)	gerecht	ge**rekht**
fake	unecht	**oon**-ekht
to fall	fallen	**fall**en
family	die Familie	fa**meel**-ye
famous	berühmt	be**ruemt**
far	weit	vyt
how far is it?	wie weit ist es?	vee vyt ist es?
fare (train, bus, etc.)	der Fahrpreis	**fahr**prys
farm	der Bauernhof	**bow**ernhohf
fast	schnell	shnel
too fast	zu schnell	tsoo shnel
fat (big)	dick	dik
father	der Vater	**fah**ter
father-in-law	der Schwiegervater	**shvee**ger-**fah**ter
fault (defect)	der Fehler	**feh**ler
it wasn't my fault	das war nicht meine Schuld	das vahr nikht **myn**-e shoolt
favour	der Gefallen	ge**fall**en
favourite	Lieblings-	**leeb**lings
to fax	faxen	**fak**sen
to feel	fühlen	**fue**len
I feel sick	mir ist schlecht	meer ist shlekht
feet	die Füße	**fue**-se
ferry	die Fähre	**feh**-re
to fetch (bring)	holen	**hoh**len
fever	das Fieber	**fee**ber
few: ***a few***	ein paar	yn pahr
fiancé(e)	der/die Verlobte	fer**lohp**te
to fight	kämpfen	**kemp**fen
to fill	füllen	**fuell**en
to fill in (form)	ausfüllen	**ows**fuellen
to fill up (tank)	voll tanken	fol **tang**ken
fillet	das Filet	fi-**leh**
film	der Film	film
to find	finden	**fin**den
fine (to be paid)	die Geldstrafe	**gelt**-shtrah-fe
finger	der Finger	**fing**-er

English	German	Pronunciation
to finish	beenden	be-**en**den
fire exit	der Notausgang	**noht**owsgang
firm (company)	die Firma	**feer**ma
first	erste(r/s)	**ehrs**-te(r/s)
first aid	die erste Hilfe	**ehrs**-te **hil**-fe
first class (travel)	die erste Klasse	**ehrs**-te **klas**-e
first name	der Vorname	**for**nah-me
fish	der Fisch	fish
to fit	passen	**pass**en
to fix	reparieren	repa**reer**-ren
fizzy	sprudelnd	**shproo**delnd
flat (level)	flach	flakh
flat	die Wohnung	**voh**noong
flavour	der Geschmack	ge**shmak**
what flavour?	welchen Geschmack?	**vel**-khen ge-**shmak**?
flight	der Flug	flook
floor (of building)	die Etage	e**tah**-zhe
(of room)	der Boden	**boh**den
flowers	die Blumen	**bloo**men
flu	die Grippe	**grip**-e
foggy	neblig	**neh**blikh
to fold	falten	**fal**ten
to follow	folgen	**fol**gen
food	das Essen	**ess**en
foot: ***on foot***	zu Fuß	tsoo foos
football	der Fußball	**foos**bal
for	für	fuer
forbidden	verboten	fer**boh**ten
foreign	ausländisch	**ows**lendish
foreigner	der Ausländer/die Ausländerin	**ows**lender/ **ows**lender-rin
forest	der Wald	valt
forever	für immer	fuer **imm**er
to forget	vergessen	fer**gess**en
fork (for eating)	die Gabel	**gah**bel
form (document)	das Formular	formoo**lahr**
fragile	zerbrechlich	tser**brekh**-likh
France	Frankreich	**frank**-rykh
free (vacant)	frei	fry

(costing nothing)	umsonst	oom**zonst**
French adj	französisch	fran-**tsur'**-zish
French beans	die grünen Bohnen	**grue**nen **boh**nen
French fries	die Pommes frites	pom frit
frequent	häufig	**hoy**fikh
fresh	frisch	frish
Friday	Freitag	**fry**tahk
fried	gebraten	ge**brah**ten
friend	der Freund/die Freundin	froynt/**froyn**din
friendly	freundlich	**froynt**likh
from	von	fon
from England	aus England	ows **eng**-lant
front	die Vorderseite	**for**der-zy-te
in front of	vor	fohr
frozen	gefroren	ge**froh**ren
fruit juice	der Fruchtsaft	**frookht**zaft
fuel (petrol)	das Benzin	ben**zeen**
full	voll	fol
I'm full	ich bin satt!	ikh bin zat!
fun	der Spaß	shpahs
funny (amusing)	komisch	**koh**mish
future	die Zukunft	**tsoo**koonft

G

gallery	die Galerie	ga-le-**ree**
game	das Spiel	shpeel
garage (for repairs)	die Werkstatt	**verk**shtat
(petrol station)	die Tankstelle	**tank**-shtel-e
garden	der Garten	**gar**ten
garlic	der Knoblauch	**knohb**-lowkh
generous	großzügig	**grohs**-tsuegikh
genuine	echt	ekht
German adj	deutsch	doytsh
Germany	Deutschland	**doytsh**lant
to get (to obtain)	bekommen	be**komm**en
to get in(to) (bus, etc.)	einsteigen	**yn**-shtygen
to get off (bus, etc.)	aussteigen	**ows**-shtygen
gift	das Geschenk	ge**shenk**

gift shop	der Geschenkeladen	ge**sheng**-ke-**lah**den
girl	das Mädchen	**meht**-khen
girlfriend	die Freundin	**froyn**din
to give	geben	**geh**ben
to give back	zurückgeben	tsoo**ruek**-gehben
glasses (spectacles)	die Brille	**bril**-e
glass of water	ein Glas Wasser	yn glahs **vass**er
gluten-free	glutenfrei	**gloo**tenfry
to go (on foot)	gehen	**geh**-en
(in car)	fahren	**fah**ren
to go back	zurückgehen	tsoo**ruek**-geh-en
to go in	hineingehen	hin**yn**-geh-en
to go out	ausgehen	**ows**-geh-en
good	gut	goot
(pleasant)	schön	shur'n
good morning	guten Morgen	**goo**ten **mor**gen
good night	gute Nacht	**goo**-te nakht
grandchild	das Enkelkind	**eng**kelkint
grandparents	die Großeltern	**grohs**eltern
great (big)	groß	grohs
(wonderful)	großartig	**grohs**ahrtikh
Great Britain	Großbritannien	grohsbri-**ta**-ni-en
green	grün	gruen
grey	grau	grow
ground floor	das Erdgeschoss	**ert**-geshos
guarantee	die Garantie	ga-ran**tee**
guest	der Gast	gast
guesthouse	die Pension	pen**ziohn**
guide (tour guide)	der Fremdenführer/die Fremdenführerin	**frem**denfuer-rer/ **frem**den-fuer-rer-rin
guidebook	der Reiseführer	**ry**-ze-fuer-rer
guided tour	die Führung	**fuer**-roong

H

hair	die Haare	**hah**-re
hairdresser	der Friseur/die Friseurin	fri**zur**/fri**zur**in
hairdryer	der Föhn	fur'n
half	halb	halp

a half bottle	eine kleine Flasche	**yn**-e **kly**-ne **flash**-e
half an hour	eine halbe Stunde	**yn**-e **hal**-be **shtoon**-de
half board	die Halbpension	halp-pen**ziohn**
half price	zum halben Preis	tsoom **hal**ben prys
ham (cooked)	der Schinken	**shing**ken
(cured)	geräucherter Schinken	ge**roy**-kherter **shing**ken
hand	die Hand	hant
handbag	die Handtasche	**hant**-tash-e
hand luggage	das Handgepäck	**hant**-ge**pek**
hangover	der Kater	**kah**ter
to hang up	auflegen	**owf**-lehgen
to happen	passieren	pa**seer**-ren
what happened?	was ist passiert?	vas ist pa**seert**?
happy	glücklich	**glueck**likh
happy birthday!	alles Gute zum Geburtstag!	**al**-es **goo**-te tsoom ge**boorts**-tahk!
Happy New Year!	ein gutes neues Jahr!	yn **goo**tes **noy**es yahr!
harbour	der Hafen	**hah**fen
hard (difficult)	schwierig	**shveer**-rikh
(not soft)	hart	hart
to have	haben	**hah**ben
I have...	ich habe...	ikh **hah**-be...
we have...	wir haben...	veer **hah**ben...
do you have...?	haben Sie...?	**hah**ben zee...?
to have to	müssen	**muess**en
he	er	ehr
head	der Kopf	kopf
headache	die Kopfschmerzen	**kopf**shmertsen
healthy	gesund	ge**zoont**
to hear	hören	**hur'**-ren
heart	das Herz	herts
heart attack	der Herzinfarkt	**herts**infahrkt
to heat up (food, milk)	aufwärmen	**owf**vermen
heating	die Heizung	**hyt**soong
heavy	schwer	shvehr
height	die Höhe	**hur'**-e
help!	Hilfe!	**hil**-fe!

to help	helfen	**hel**fen
her	ihr/ihre	eer/**eer**-re
to her	(zu) ihr	(tsoo) eer
herbal tea	der Kräutertee	**kroy**terteh
here	hier	heer
to hide	verstecken	fer**shtekk**en
high	hoch	hohkh
(number, speed)	groß	grohs
high blood pressure	hoher Blutdruck	**hoh**-er **bloot**drook
him	ihm	eem
hire	die Vermietung	fer**mee**toong
to hire	mieten	**mee**ten
hire car	das Mietauto	**meet**-owtoh
his	sein/seine	zyn/**zyn**-e
to hit	schlagen	**shlah**gen
to hold	halten	**hal**ten
(to contain)	enthalten	ent**hal**ten
holiday	der Feiertag	**fy**er-tahk
holidays	die Ferien	**feh**-ri-en
on holiday	auf Urlaub	owf **oor**lowp
home	Zuhause	tsoo-**how**-ze
honest	ehrlich	**ehr**likh
to hope	hoffen	**hoff**en
I hope so	hoffentlich	**hoff**entlikh
I hope not	hoffentlich nicht	**hoff**entlikh nikht
hospital	das Krankenhaus	**krang**ken-hows
hot	heiß	hys
I'm hot	mir ist heiß	meer ist hys
it's hot (weather)	es ist heiß	es ist hys
hotel	das Hotel	ho**tel**
hour	die Stunde	**shtoon**-de
half an hour	eine halbe Stunde	**yn**-e **hal**-be **shtoon**-de
house	das Haus	hows
how	wie	vee
how are you?	wie geht es Ihnen?	vee geht es **ee**nen?
how many?	wie viele?	vee **feel**-e?
how much?	wie viel?	vee feel?
hungry	hungrig	**hoong**-grikh

hurry: ***I'm in a hurry***	ich habe es eilig	ikh **hah**-be es **y**likh
to hurt	weh tun	veh toon
that hurts	das tut weh	das toot veh
husband	der Mann	man

I

I	ich	ikh
ice	das Eis	ys
with/without ice	mit/ohne Eis	mit/**oh**-ne ys
ice cream	das Eis	ys
ice cube	der Eiswürfel	**ys**vuerfel
iced: ***iced coffee***	der Eiskaffee	**ys**kafeh
idea	die Idee	i**deh**
if	wenn	ven
ill	krank	krank
illness	die Krankheit	**krank**-hyt
immediately	sofort	zoh**fort**
to import	importieren	impor**teer**-ren
important	wichtig	**vikh**tikh
impossible	unmöglich	oon**mur'g**-likh
to improve	verbessern	fer**bess**ern
in	in	in
included	inbegriffen	**in**begriffen
inconvenient	unpassend	**oon**passent
to increase	vergrößern	fer-**grur'**sern
indoors	drinnen	**drinn**en
infection	die Infektion	infek**tsiohn**
infectious	ansteckend	**an**-shtekkent
information	die Auskunft	**ows**koonft
information desk	der Informationsschalter	informa-**tsiohns-shal**ter
ingredients	die Zutaten	**tsoo**tahten
inhaler (for medication)	der Inhalator	inhah-lah**tohr**
insect bite	der Insektenstich	in**zek**ten-shtikh
insect repellent	das Insektenschutzmittel	in**zek**ten-shoots-mittel
inside	in	in
instead of	anstelle von	an-**stel**-e fon

insurance	die Versicherung	fer**zikh**er-roong
interesting	interessant	interess**ant**
international	international	internatsio**nahl**
(arrivals, etc.)	Ausland	**ows**lant
into	in	in
invitation	die Einladung	**yn**lahdoong
invoice	die Rechnung	**rekh**noong
Ireland	Irland	**ir**lant
Irish adj	irisch	**eer**ish
is	ist	ist
island	die Insel	**in**zel
it	es	es
Italian adj	italienisch	ital**yeh**nish
Italy	Italien	i**tah**li-en
to itch	jucken	**yookk**en

J

jacket	die Jacke	**yak**-e
jam (food)	die Marmelade	mar-me-**lah**-de
jammed	blockiert	blokk**eert**
jealous	eifersüchtig	**y**ferzuekh-tikh
jeweller's	der Juwelier	yoo-ve-**leer**
jewellery	der Schmuck	shmook
job (employment)	die Stelle	**shtel**-e
to join in	mitmachen	**mit**makh-en
to joke	scherzen	**sherts**en
joke	der Witz	vits
journey	die Reise	**ry**-ze
juice	der Saft	zaft
jumper	der Pullover	pool**oh**ver
just: ***just two***	nur zwei	noor tsvy
I've just arrived	ich bin gerade angekommen	ikh bin ge**rah**-de **an**-gekommen

K

to keep (retain)	behalten	be**hal**ten
key	der Schlüssel	**shluess**el
keycard	die Schlüsselkarte	**shluess**el-kar-te
to kill	töten	**tur'**ten
kilometre	der Kilometer	kilo**meh**ter

kind (person)	nett	net
kiss	der Kuss	koos
kitchen	die Küche	**kue**khe
knife	das Messer	**mess**er
to know (facts)	wissen	**viss**en
(be acquainted with)	kennen	**kenn**en
I don't know	ich weiß nicht	ikh vys nikht
to know how	können	**kur'**nen

L

lager	helles Bier	**hel**-es beer
bottled lager	Flaschenbier	**flash**enbeer
draught lager	Fassbier	**fas**beer
lake	der See	zeh
language	die Sprache	**shprah**-khe
large	groß	grohs
last (final)	letzte(r/s)	**lets**-te(r/s)
the last bus	der letzte Bus	dehr **lets**-te boos
last night	gestern Abend	**ges**tern **ah**bent
last time	letztes Mal	**lets**-tes mahl
late	spät	shpeht
the train is late	der Zug hat Verspätung	der tsook hat fer-**shpeh**toong
later	später	**shpeh**ter
to laugh	lachen	**lakh**en
lazy	faul	fowl
to lead	führen	**fuer**-ren
lead-free	bleifrei	**bly**fry
to learn	lernen	**ler**nen
to leave (a place)	weggehen/ wegfahren	**vek**geh-en/ **vek**fahren
when does the train leave?	wann fährt der Zug ab?	van fehrt dehr tsook ap?
left: ***on the left***	links	links
to the left	nach links	nahkh links
left-luggage (locker)	das Schließfach	**shlees**fakh
left-luggage office	die Gepäckaufbe-wahrung	ge**pek**-**owf**-be-vahroong
leg	das Bein	byn

lemonade	die Limonade	limo**nah**-de
lemon tea	der Zitronentee	tsi**troh**nen-teh
less	weniger	**veh**niger
less than	weniger als	**veh**niger als
lesson	die Unterrichtsstunde	**oon**ter-rikhts-shtoon-de
letter (written)	der Brief	breef
letterbox	der Briefkasten	**breef**kasten
library	die Bibliothek	biblio**tehk**
lie (untruth)	die Lüge	**lue**-ge
lift (elevator)	der Aufzug	**owf**tsook
can I have a lift?	können Sie mich mitnehmen?	**kur'**nen zee mikh **mit**nehmen?
light (not heavy)	leicht	lykht
light	das Licht	likht
like (preposition)	wie	vee
to like	mögen	**mur'**gen
I like coffee	ich trinke gern Kaffee	ikh **tring**-ke gern ka**feh**
I don't like...	ich mag nicht/ kein(e)...	ikh mahg nikht/ kyn(-e)...
we'd like...	wir möchten...	veer **mur'kh**ten...
liqueur	der Likör	li**kur**
to listen	zuhören	**tsoo**hur'-ren
little (small)	klein	klyn
a little...	ein bisschen...	yn **bis**khen...
to live (exist)	leben	**leh**ben
(reside)	wohnen	**voh**nen
I live in London	ich wohne in London	ikh **voh**-ne in **lon**don
living room	das Wohnzimmer	**vohn**tsimmer
local (wine, speciality)	regional	regi-oh-**nahl**
to lock	zuschließen	**tsoo**-shlee-sen
locker (luggage)	das Schließfach	**shlees**fakh
long	lang	lang
for a long time	lange Zeit	**lang**-e tsyt
to look after	sich kümmern um	zikh **kue**mmern oom
to look at	anschauen	**an**show-en
to look for	suchen	**zoo**khen
to lose	verlieren	fer**leer**-ren

English	German	Pronunciation
lost (object)	verloren	fer**loh**ren
I've lost my wallet	ich habe meine Brieftasche verloren	ikh **hah**-be **myn**-e **breef**-tash-e fer**loh**ren
I'm lost (on foot)	ich habe mich verlaufen	ikh **hah**-be mikh fer**low**fen
(in car)	ich habe mich verfahren	ikh **hah**-be mikh fer**fah**ren
lost property office	das Fundbüro	**foont**-bue-roh
lot: ***a lot***	viel	feel
loud	laut	lowt
lounge (in house)	das Wohnzimmer	**vohn**tsimmer
love	die Liebe	**lee**-be
to love	lieben	**lee**ben
I love you	ich liebe dich	ikh **lee**-be dikh
I love swimming	ich schwimme gern	ich **shvim**-e gern
lovely	schön	shur'n
low	niedrig	**nee**drikh
low-alcohol	alkoholarm	alko-**hohl**arm
low-fat	fettarm	**fet**arm
luck	das Glück	gluek
lucky	glücklich	**gluek**likh
luggage	das Gepäck	ge**pek**
luggage trolley	der Gepäckwagen	ge**pek**vahgen
lunch	das Mittagessen	**mit**tahk-essen
lunch break	die Mittagspause	**mit**tahks-pow-ze

M

English	German	Pronunciation
mad	verrückt	fer-**ruekt**
magazine	die Zeitschrift	**tsyt**-shrift
maid (in hotel)	das Zimmermädchen	**tsim**mer-meht-khen
maiden name	der Mädchenname	**meht**-khen-nah-me
mail	die Post	post
by mail	per Post	per post
main (principal)	Haupt-	howpt
main course (of meal)	das Hauptgericht	**howpt**-ge-rikht
to make	machen	**makh**en

male	männlich	**men**likh
man	der Mann	man
manager	der Geschäftsführer/die Geschäftsführerin	ge**shefts**-fuer-rer(-rin)
many	viele	**fee**-le
map	die Karte	**kar**-te
(of region)	die Landkarte	**lant**-kar-te
(of town)	der Stadtplan	**shtat**plahn
market place	der Marktplatz	**markt**plats
marmalade	die Orangenmarmelade	o**ran**zhen-mar-me-**lah**-de
married	verheiratet	fer**hy**rahtet
to marry	heiraten	**hy**rahten
matter: ***it doesn't matter***	macht nichts	makht nikhts
what's the matter?	was ist los?	vas ist lohs?
me (direct object)	mich	mikh
(indirect object)	mir	meer
meat	das Fleisch	flysh
I don't eat meat	ich esse kein Fleisch	ikh **es**-e kyn flysh
medicine	die Medizin	medi-**tseen**
medium rare (meat)	halb durch	halp doorkh
to meet	treffen	**treff**en
men	die Männer	**menn**er
to mend	reparieren	repa**reer**-ren
menu	die Speisekarte	**shpy**-ze-kar-te
set menu	die Tageskarte	**tah**-ges-kar-te
message	die Nachricht	**nahkh**-rikht
middle	die Mitte	**mit**-e
milk	die Milch	milkh
semi-skimmed milk	Halbfettmilch	**halp**fetmilkh
skimmed milk	Magermilch	**mah**germilkh
with/without milk	mit/ohne Milch	mit/**oh**-ne milkh
mind: ***I don't mind***	es ist mir egal	es ist meer e**gahl**
mineral water	das Mineralwasser	mine**rahl**vasser
minute	die Minute	mi**noo**-te
Miss	Fräulein; Frau	**froy**lyn; frow
to miss (train, etc.)	verpassen	fer**pass**en

missing (object, person)	verschwunden	fer**shvoon**den
my son's missing	mein Sohn ist verschwunden	myn zohn ist fer**shvoon**den
mistake	der Fehler	**feh**ler
mobile (phone)	das Handy	**hen**dee
mobile number	die Handy-nummer	**hen**dee-noommer
Monday	Montag	**mohn**tahk
money	das Geld	gelt
month	der Monat	**moh**nat
more	mehr	mehr
more than	mehr als	mehr als
more wine	noch etwas Wein	nokh **et**vas vyn
morning	der Morgen	**mor**gen
most: ***most of***	meiste von	**my**-ste fon
mother	die Mutter	**moott**er
mother-in-law	die Schwiegermutter	**shvee**ger-mootter
motorbike	das Motorrad	mo**tohr**-raht
motorway	die Autobahn	**ow**tohbahn
mouth	der Mund	moont
to move	bewegen	be**veh**gen
Mr	Herr	her
Mrs, Ms	Frau	frow
much	viel	feel
too much	zu viel	tsoo feel
Munich	München	**muen**khen
music	die Musik	moo**zeek**
must	müssen	**muess**en
I must	ich muss	ikh moos
we must	wir müssen	veer **muess**en
you musn't	du darfst nicht	doo darfst nikht
my	mein/meine	myn/**myn**-e

N

name	der Name	**nah**-me
what is your name?	wie ist Ihr Name?	vee ist eer **nah**-me?
narrow	eng	eng
national	national	natsio**nahl**

nationality	die Nationalität	natsionali**teht**
natural	natürlich	na**tuer**likh
nature	die Natur	na**toor**
near	nahe	**nah**-e
is it near?	ist es in der Nähe?	ist es in dehr **neh**-e?
necessary	notwendig	**noht**vendikh
to need	brauchen	**brow**-khen
I need...	ich brauche...	ikh **brow**-khe...
I need to go	ich muss gehen	ikh moos **geh**-en
never	nie	nee
new	neu	noy
news	die Nachrichten	**nahkh**rikhten
newsagent's	der Zeitungsladen	**tsy**toongs-**lah**den
newspaper	die Zeitung	**tsy**toong
newsstand	der Zeitungskiosk	**tsy**toongs-kee-**osk**
New Year's Eve	Silvester	zil**ves**ter
New Zealand	Neuseeland	noy**zeh**lant
next	nächste(r/s)	**neh**-kste(r/s)
the next bus	der nächste Bus	dehr **neh**-kste boos
next to	neben	**neh**ben
next week	nächste Woche	**neh**-kste **vokh**-e
nice (person)	nett	net
(place, holiday)	schön	shur'n
night	die Nacht	nakht
at night	am Abend	am **ah**bent
last night	gestern Abend	**ges**tern **ah**bent
no	nein	nyn
no thanks	nein danke	nyn **dang**-ke
no problem	kein Problem	kyn pro**blehm**
nobody	niemand	**nee**mant
noise	der Lärm	lerm
noisy	laut	lowt
it's very noisy	es ist sehr laut	es ist zehr lowt
non-alcoholic	alkoholfrei	alko-**hohl**fry
none	keine(r/s)	**ky**n-e(r/s)
non-smoking	Nichtraucher-	**nikht**-row-kher
north	der Norden	**nor**den
Northern Ireland	Nordirland	nord**ir**lant
North Sea	die Nordsee	**nort**zeh
nose	die Nase	**nah**-ze

not	nicht	nikht
nothing	nichts	nikhts
nothing else	nichts weiter	nikhts **vy**ter
novel	der Roman	ro**mahn**
now	jetzt	yetst
nowhere	nirgends	**nir**gents
nuclear	nuklear	nookleh-**ahr**
number	die Zahl	tsahl
nurse	die Krankenschwester/ der Krankenpfleger	**krang**ken-**shves**ter/ **krang**ken-**pfleh**ger
nut (to eat)	die Nuss	noos

O

oats	der Hafer	**hah**fer
occupation (work)	der Beruf	be**roof**
ocean	der Ozean	**oh**-tseh-ahn
of	von	fon
a glass of water	ein Glas Wasser	yn glahs **vass**er
made of...	aus...	ows...
off (light, radio)	aus	ows
(rotten)	schlecht	shlekht
office	das Büro	bue-**roh**
off-season	die Nebensaison	**neh**ben-ze-zon
often	oft	oft
how often?	wie oft?	vee oft?
old	alt	alt
how old are you?	wie alt sind Sie?	vee alt zint zee?
I'm ... years old	ich bin ... Jahre alt	ikh bin ... **yah**-re alt
on (light, radio)	an	an
(on top of)	auf	owf
on time	pünktlich	**puenkt**likh
once	einmal	**yn**mahl
at once	sofort	zoh**fort**
only	nur	noor
open	geöffnet	ge-**ur'f**net
to open	öffnen	**ur'f**nen
opposite	gegenüber	gehgen-**ue**ber
opposite the bank	gegenüber der Bank	gehgen-**ue**ber dehr bank

quite the opposite	ganz im Gegenteil	gants im **geh**gen-tyl
optician's	der Optiker	**op**tiker
or	oder	**oh**der
orange (colour)	orange	o**ran**zh
orange juice	der Orangensaft	o**ran**zhen-zaft
order (in restaurant)	die Bestellung	be**shtell**oong
to order (food)	bestellen	be**shtell**en
organic	organisch	or**gah**nish
other: ***the other one***	der/die/das andere	dehr/dee/das **an**der-re
have you got any others?	haben Sie noch andere?	**hah**ben zee nokh **an**der-re?
our	unser/unsere	**oon**zer/**oon**-zer-re
out (light, etc.)	aus	ows
she's out	sie ist nicht da	zee ist nikht dah
out of order	kaputt	ka**poot**
outdoor	im Freien	im **fry**-en
outside	draußen	**drowss**en
over (above)	über	**ue**ber
to overbook	überbuchen	ueber-**boo**-khen
to overcharge	zu viel berechnen	tsoo feel be**rekh**nen
overdone (food)	verkocht	fer**kokht**
to oversleep	verschlafen	fer**shlah**fen
to owe	schulden	**shool**den
I owe you...	ich schulde Ihnen...	ikh **shool**-de **ee**nen...
you owe me...	Sie schulden mir...	zee **shool**den meer...
owner	der Besitzer/die Besitzerin	be**zit**ser/be**zit**ser-rin

P

package	das Paket	pa**keht**
package tour	die Pauschalreise	pow**shahl**-ry-ze
page	die Seite	**zy**-te
paid	bezahlt	be**tsahlt**
I've paid	ich habe bezahlt	ikh **hah**-be be**tsahlt**
pain	der Schmerz	shmerts
painkiller	das Schmerzmittel	**shmerts**mittel
palace	der Palast	pa**last**
pale	blass	blas
pancake	der Pfannkuchen	**pfan**-kookhen

paper	das Papier	pa**peer**
paralysed	gelähmt	ge**lehmt**
parcel	das Paket	pa**keht**
pardon?	wie bitte?	vee **bit**-e?
I beg your pardon!	Entschuldigung!	ent**shool**di-goong!
parents	die Eltern	**el**tern
park	der Park	park
to park	parken	**par**ken
parking ticket (fine)	der Strafzettel	**shtrahf**-tsettel
(to display)	der Parkschein	**park**shyn
partner (business)	der Geschäftspartner/ die Geschäftspartnerin	ge**shefts**-partner/ ge**shefts**-partner-rin
(boy/girlfriend)	der Partner/die Partnerin	**part**ner/**part**ner-rin
party (celebration)	die Party	**par**tee
passenger	der Passagier	passa-**zheer**
passport	der Reisepass	**ry**-ze-pas
passport control	die Passkontrolle	**pas**kontroll-e
pasta	die Nudeln	**noo**deln
pastry (cake)	das Süßgebäck	**zues**-ge-bek
pavement	der Bürgersteig	**buer**-ger-shtyg
to pay	zahlen	**tsah**len
I'd like to pay	ich möchte zahlen	ikh **mur'kh**te **tsah**len
where do I pay?	wo kann ich bezahlen?	vo kan ikh be**tsah**len?
payment	die Bezahlung	be**tsah**loong
peace	der Frieden	**free**den
peak rate	der Höchsttarif	**hur'khst**-tareef
peanut allergy	die Erdnussallergie	**erd**noos-al-er-**gee**
pen	der Füller	**fuel**ler
pencil	der Bleistift	**bly**shtift
pension	die Rente	**ren**-te
people	die Leute	**loy**-te
pepper (spice)	der Pfeffer	**pfeff**er
per	pro	proh
per day	pro Tag	proh tahk
per hour	pro Stunde	proh **shtoon**-de
per person	pro Person	proh per**zohn**

perhaps	vielleicht	fee**lykht**
petrol	das Benzin	ben**tseen**
unleaded petrol	bleifreies Benzin	**bly**fry-es ben**tseen**
petrol station	die Tankstelle	**tank**shtel-e
pharmacy	die Apotheke	apo-**teh**-ke
to phone	telefonieren	telefo**neer**-ren
phone	das Telefon	tele**fohn**
by phone	per Telefon	per tele**fohn**
phone directory	das Telefonbuch	tele**fohn**-bookh
photocopy	die Fotokopie	**foh**toh-ko**pee**
photograph	das Foto	**foh**toh
to take a photograph	fotografieren	**foh**toh-gra**feer**-ren
to pick (choose)	auswählen	**ows**vehlen
pickpocket	der Taschendieb/ die Taschendiebin	**tash**endeep/ **tash**endeeb-in
pie (sweet)	der Obstkuchen	**ohbst**kookhen
(savoury)	die Pastete	pas**teh**te
piece	das Stück	shtuek
pig	das Schwein	shvyn
pillow	das Kopfkissen	**kopf**kissen
PIN number	die Geheimzahl; die PIN-Nummer	ge**hym**-tsahl; **pin**-noommer
pink	rosa	**roh**za
pity: ***what a pity***	wie schade	vee **shah**-de
place	der Platz	plats
place of birth	der Geburtsort	ge**boorts**ort
plain (unflavoured)	einfach	**yn**fakh
plane (aeroplane)	das Flugzeug	**flook**-tsoyk
plastic (made of)	Plastik-	**plas**tik
platform (at station)	der Bahnsteig	**bahn**shtyg
which platform?	welcher Bahnsteig?	**vel**-kher **bahn**shtyg?
to play	spielen	**shpee**len
please	bitte	**bit**-e
pleased	erfreut	er**froyt**
pleased to meet you	sehr erfreut	zehr er**froyt**
p.m. (afternoon)	nachmittags	**nahkh**-mittahks
(evening)	abends	**ah**bents
poached (egg, fish)	pochiert	po**sheert**
poisonous	giftig	**gif**tikh

police (force)	die Polizei	poli**tsy**
polluted	verschmutzt	fer**shmootst**
pool	der Swimmingpool	**svimm**ingpool
poor	arm	arm
popular	beliebt	be**leept**
pork	das Schweinefleisch	**shvy**-ne-flysh
possible	möglich	**mur'g**likh
post: ***by post***	per Post	per post
postbox	der Briefkasten	**breef**kasten
postcard	die Ansichtskarte	**an**zikhts-kar-te
postcode	die Postleitzahl	**post**-lyt-tsahl
post office	das Postamt	**post**amt
to postpone	verschieben	fer**shee**ben
potato	die Kartoffel	kar**toff**el
potato salad	der Kartoffelsalat	kar**toff**el-za**laht**
to prefer	vorziehen	**fohr**-tsee-en
pregnant	schwanger	**shvang**-er
to prepare	vorbereiten	**fohr**be-ryten
prescription	das Rezept	re-**tsept**
present (gift)	das Geschenk	ge**shenk**
pretty	hübsch	huebsh
price	der Preis	prys
price list	die Preisliste	**prys**lis-te
private	privat	pri**vaht**
prize	der Preis	prys
probably	wahrscheinlich	vahr**shyn**likh
problem	das Problem	pro**blehm**
programme	das Programm	pro**gram**
prohibited	verboten	fer**boh**ten
to promise	versprechen	fer-**shprekh**-en
to pronounce	aussprechen	**ows**-shprekh-en
how's it pronounced?	wie spricht man das aus?	vee shprikht man das ows?
to provide	zur Verfügung stellen	tsoor fer**fue**goong **shtell**en
public	öffentlich	**ur'f**-fent-likh
public holiday	der gesetzliche Feiertag	ge**zets**-likh-e **fy**ertahk
to pull	ziehen	**tsee**-en
to pull over (car)	anhalten	**an**halten
purple	violett	vee-oh-**let**

purse	der Geldbeutel	**gelt**boytel
to push	stoßen	**shtoh**-sen
to put (place)	stellen	**shtell**en

Q

quality	die Qualität	kvali**teht**
quantity	die Quantität	kvanti**teht**
to quarrel	streiten	**shtry**ten
quarter	das Viertel	**feer**tel
question	die Frage	**frah**-ge
queue	die Schlange	**shlang**-e
to queue	anstehen	**an**-shteh-en
quick(ly)	schnell	shnel
quiet	ruhig	**roo**ikh

R

railcard	die Bahncard	**bahn**-kahrt
railway station	der Bahnhof	**bahn**-hohf
rain	der Regen	**reh**gen
to rain	regnen	**rehg**nen
it's raining	es regnet	es **rehg**net
raincoat	der Regenmantel	**reh**gen-**man**tel
raisins	die Rosinen	ro**zee**nen
rare (unique)	selten	**zel**ten
(steak)	blutig	**bloo**tikh
rash (skin)	der Ausschlag	**ows**-shlahk
rate (price)	der Preis	prys
rate of exchange	der Wechselkurs	**vek**selkoors
raw	roh	roh
razor	der Rasierapparat	ra**zeer**-apa-**raht**
razor blades	die Rasierklingen	ra**zeer**-kling-en
to read	lesen	**leh**zen
ready	fertig	**fehr**tikh
real	echt	ekht
receipt	die Quittung	**kvitt**oong
reception (desk)	der Empfang; die Rezeption	emp**fang**; re-tsep-**tsiohn**
to recognize	erkennen	er**kenn**en
to recommend	empfehlen	emp**feh**len
to recycle	recyceln	ri-**sy**keln

red	rot	roht
refund	die Rückerstattung	**ruek**-er-shtattoong
to refund	rückerstatten	**ruek**-er-shtatten
to refuse	ablehnen	**ap**lehnen
to register (at hotel)	sich anmelden	zikh **an**melden
to reimburse	entschädigen	ent-**sheh**di-gen
relation (family)	der/die Verwandte	fer**vant**-te
to remember	sich erinnern	zikh er-**inn**ern
to remove	entfernen	ent**fer**nen
to rent	mieten	**mee**ten
to repair	reparieren	repa**reer**-ren
to repeat	wiederholen	veeder**hoh**len
to reply	antworten	**ant**vorten
to report	berichten	be**rikh**ten
to require	benötigen	be-**nur'**ti-gen
reservation (table)	die Reservierung	re-zer-**veer**-roong
(flight/hotel)	die Buchung	**boo**-khoong
to reserve (table)	reservieren	re-zer-**veer**-ren
(flight/hotel)	buchen	**boo**-khen
to rest	ruhen	**roo**-en
restaurant car	der Speisewagen	**shpy**-ze-vahgen
retired	pensioniert	penzio-**neert**
to return (in car)	zurückfahren	tsoo**ruek**-fahren
(on foot)	zurückgehen	tsoo**ruek**-geh-en
(goods)	zurückgeben	tsoo**ruek**-gehben
return ticket (train)	die Rückfahrkarte	**ruek**-fahr-**kar**-te
(plane)	das Rückflugticket	**ruek**flook-tikket
reverse charge call	das R-Gespräch	**er**-ge-shprehkh
rich (person)	reich	rykh
(food)	reichhaltig	**rykh**-haltikh
right (correct)	richtig	**rikh**-tikh
right: ***on the right***	rechts	rekhts
to the right	nach rechts	nahkh rekhts
ripe	reif	ryf
river	der Fluss	floos
road	die Straße	**shtrah**-se
road map	die Straßenkarte	**shtrah**-sen-**kar**-te
roast	Rost-	rost
roll (bread)	das Brötchen	**brur't**-khen

romantic	romantisch	ro**man**tish
room (in house)	das Zimmer	**tsimm**er
(space)	der Platz	plats
room number	die Zimmernummer	**tsim**mer-noommer
room service	der Zimmerservice	**tsim**merservis
rose (flower)	die Rose	**roh**-ze
rotten (fruit, etc.)	verfault	fer**fowlt**
round	rund	roont
rubbish	der Abfall	**ap**fal
rucksack	der Rucksack	**rook**zak
to run	rennen	**renn**en
rush hour	die Rushhour	**rash**-ower
rye bread	das Roggenbrot	**rogg**enbroht

S

sad	traurig	**trow**rikh
safe (for valuables)	der Safe	sehf
safe	ungefährlich	**oon**-ge-fehrlikh
to sail	segeln	**zeh**geln
salad	der Salat	za**laht**
green salad	grüner Salat	**grue**ner za**laht**
mixed salad	gemischter Salat	ge**mish**ter za**laht**
salad dressing	die Salatsoße	za**laht**zoh-se
salary	das Gehalt	ge**halt**
sale (in general)	der Verkauf	fer**kowf**
(seasonal)	Schlussverkauf	**shlooss**ferkowf
salesperson	der Verkäufer/die Verkäuferin	fer**koy**fer/fer**koy**fer-rin
salt	das Salz	zalts
salty	salzig	**zalts**ikh
same	gleich	glykh
sandals	die Sandalen	zan**dah**len
sandwich	das Sandwich	**sent**vitsh
Saturday	Samstag	**zams**-tahk
sauce	die Soße	**zoh**-se
sausage	die Wurst	voorst
to save (money)	sparen	**shpah**ren
savoury	pikant	pi**kant**
scenery	die Landschaft	**lant**shaft
schedule	der Plan	plahn

school	die Schule	**shoo**-le
score	der Endstand	**ent**shtant
Scotland	Schottland	**shot**lant
Scottish	schottisch	**shott**ish
to see	sehen	**zeh**-en
selection	die Auswahl	**ows**vahl
self-catering	für Selbstversorger	fuer **zelbst**ferzorger
self-employed	freiberuflich	**fry**berooflikh
self-service	die Selbstbedienung	**zelbst**be-deenoong
to sell	verkaufen	fer**kow**fen
do you sell...?	verkaufen Sie...?	fer**kow**fen zee...?
to send	schicken	**shikk**en
separated (couple)	getrennt	ge**trent**
serious	schlimm	shlim
service (in shop, etc.)	die Bedienung	be**dee**noong
is service included?	ist die Bedienung inbegriffen	ist dee be**dee**noong **in**begriffen?
set menu	das Menü	men-**yue**
several	verschiedene	fer**shee**-de-ne
to shake	schütteln	**shuett**eln
shallow (water)	seicht	zykht
to share	teilen	**ty**len
sharp	scharf	sharf
shaver	der Rasierapparat	ra**zeer**-apa-**raht**
she	sie	zee
sheltered	geschützt	ge**shuetst**
to shine	scheinen	**shy**nen
ship	das Schiff	shif
shirt	das Hemd	hemt
shoe	der Schuh	shoo
shoe shop	der Schuhladen	**shoo**lahden
shop	der Laden	**lah**den
to shop	einkaufen	**yn**-kowfen
shop assistant	der Verkäufer/die Verkäuferin	fer**koy**fer/fer**koy**fer-rin
shopping	der Einkauf	**yn**-kowf
shopping centre	das Einkaufszentrum	**yn**-kowfs-**tsen**troom
short	kurz	koorts
short-sighted	kurzsichtig	**koorts**-zikhtikh

to shout	rufen	**roo**fen
to show	zeigen	**tsy**gen
shower (bath)	die Dusche	**doo**-she
(of rain)	der Schauer	**show**er
to shrink	einlaufen	**yn**-lowfen
shut (closed)	geschlossen	ge**shloss**en
to shut	schließen	**shlee**-sen
sick (ill)	krank	krank
(nauseous)	übel	**ue**bel
I feel sick	mir ist schlecht	meer ist shlekht
side	die Seite	**zy**-te
sidewalk	der Bürgersteig	**buer**ger-shtyg
sight	die Sehenswürdigkeit	**zeh**ens-vuer-dikh-kyt
sightseeing tour	die Besichtigungstour	be-**zikh**ti-goongs-too-er
to sign	unterschreiben	oonter**shry**ben
signature	die Unterschrift	**oon**tershrift
to sing	singen	**zing**-en
single (unmarried)	ledig	**leh**dikh
(not double)	Einzel-	**yn**-tsel
(ticket)	einfach	**yn**-fakh
single bed	das Einzelbett	**yn**-tsel-bet
single room	das Einzelzimmer	**yn**-tsel-tsimmer
sister	die Schwester	**shves**ter
sister-in-law	die Schwägerin	**shveh**ger-rin
to sit	sitzen	**zit**sen
size (clothes, etc.)	die Größe	**grur'**-se
to skate (on ice)	Schlittschuh laufen	**shlit**-shoo lowfen
to ski	Ski fahren	**shee**fahren
skiing	das Skilaufen	**shee**-lowfen
skin	die Haut	howt
skirt	der Rock	rok
to sleep	schlafen	**shlah**fen
sleeper (on train)	der Schlafwagen	**shlahf**-vahgen
to slip	rutschen	**root**-shen
slippers	die Hausschuhe	**hows**-shoo-e
slow(ly)	langsam	**lang**zahm
to slow down	langsamer werden	**lang**zahmer **vehr**den
small	klein	klyn

smaller than	kleiner als	**kly**ner als
smell	der Geruch	ge**rookh**
(unpleasant)	der Gestank	ge**shtank**
to smell	riechen	**ree**-khen
to smile	lächeln	**le**-kheln
smoke	der Rauch	rowkh
to smoke	rauchen	**row**-khen
I don't smoke	ich bin Nichtraucher(in)	ikh bin **nikht**-row-kher(-rin)
smooth	weich	vykh
to sneeze	niesen	**nee**zen
snow	der Schnee	shnay
to snow: ***it's snowing***	es schneit	es shnyt
soap	die Seife	**zy**-fe
socks	die Socken	**zokk**en
soda water	das Soda	**zoh**dah
soft	weich	vykh
soft drink	alkoholfreies Getränk	alko-**hohl**fry-es ge**trenk**
some	einige	**y**-ni-ge
someone	irgendjemand	**ir**gent-yeh-mant
something	etwas	**et**vas
son	der Sohn	zohn
son-in-law	der Schwiegersohn	**shvee**ger-zohn
soon	bald	balt
as soon as possible	so bald wie möglich	zoh balt vee **mur'g**likh
sorry: ***I'm sorry!***	tut mir leid!	toot meer lyt!
sort	die Sorte	**zor**-te
what sort?	welche Sorte?	**vel**-khe **zor**-te?
soup	die Suppe	**zoop**-e
sour	sauer	**zow**-er
soured cream	die saure Sahne	**zow**-re **zah**-ne
south	der Süden	**zue**den
spa	das Bad	baht
space	der Platz	plats
Spain	Spanien	**shpah**ni-en
Spanish adj	spanisch	**shpah**nish
sparkling	perlend	**per**lent
sparkling water	das Sprudelwasser; der Sprudel	**shproo**del-vasser; **shproo**del

sparkling wine	der Schaumwein; der Sekt	**showm**vyn; zekt
to speak	sprechen	**shprekh**-en
do you speak English?	sprechen Sie Englisch?	**shprekh**-en zee **eng**-lish?
special	speziell	shpetsi-**el**
speciality	die Spezialität	shpetsi-ali-**teht**
speed limit	die Geschwindigkeits-begrenzung	ge-**shvin**dikh-kyts-be-**grent**soong
to spell: ***how is it spelt?***	wie buchstabiert man das?	vee bookh-shta-**beert** man das?
to spend	ausgeben	**ows**gehben
spicy	scharf	shahf
to spill	verschütten	fer**shuett**en
spoilt	verdorben	fer**dor**ben
spoon	der Löffel	**lur'f**-el
sports centre	das Fitnesscenter	**fit**-nes-senter
sports shop	das Sportgeschäft	**shport**-gesheft
sprain	die Verstauchung	fer-**shtow**-khoong
spring (season)	der Frühling	**frue**-ling
square (in town)	der Platz	plats
staff	das Personal	per-zo-**nahl**
stain	der Fleck	flek
stairs	die Treppe	**trep**-e
stale (bread)	trocken	**trokk**en
stamp	die Briefmarke	**breef**mar-ke
to stand	stehen	**shteh**-en
to start (begin)	anfangen	**an**fang-en
starter (in meal)	die Vorspeise	**for**shpy-ze
station	der Bahnhof	**bahn**-hohf
stationer's	die Schreibwaren-handlung	**shryb**-vahren-hant-loong
to stay (remain)	bleiben	**bly**ben
to steal	stehlen	**shteh**len
steamed	gedünstet	ge**duen**stet
steep	steil	shtyl
stereo	die Stereoanlage	**shteh**-reh-oh-**an**-lah-ge
to stick (with glue)	kleben	**kleh**ben
still (yet)	noch	nokh

still water	stilles Wasser	**shtill**es **vass**er
to sting	stechen	**shtekh**-en
stolen	gestohlen	ge**shtoh**-len
stomach-ache	die Magenschmerzen	**mah**gen-shmertsen
to stop	halten	**hal**ten
storm	der Sturm	shtoorm
story	die Geschichte	ge**shikh**-te
straight on	geradeaus	ge**rah**-de-**ows**
strange (odd)	seltsam	**zelt**zam
straw (drinking)	der Strohhalm	**shtroh**-halm
street	die Straße	**shtrah**-se
striped	gestreift	ge**shtryft**
stroke (medical)	der Schlaganfall	**shlahg**-anfal
strong	stark	shtark
stuck: ***it's stuck***	es klemmt	es klemt
student discount	die Studentener-mäßigung	shtoo**den**ten-er-**meh**si-goong
stupid	dumm	doom
subtitles	die Untertitel	**oon**terteetel
sugar-free	zuckerfrei	**tsoo**kerfry
suitcase	der Koffer	**koff**er
summer	der Sommer	**zomm**er
summer holidays	die Sommerferien	**zom**mer-fehri-en
sun	die Sonne	**zon**-e
to sunbathe	sonnenbaden	**zonn**enbahden
sunblock	die Sonnencreme	**zonn**enkrehm
sunburn	der Sonnenbrand	**zonn**enbrant
Sunday	Sonntag	**zon**-tahk
sunglasses	die Sonnenbrille	**zonn**enbril-e
sunny	sonnig	**zonn**ikh
sunrise	der Sonnenaufgang	**zonn**en-**owf**gang
sunset	der Sonnenuntergang	**zonn**en-**oon**tergang
sunshade	der Sonnenschirm	**zonn**en-shirm
supermarket	der Supermarkt	**zoo**permarkt
supper	das Abendessen	**ah**bent-essen
supplement (to pay)	der Zuschlag	**tsoo**shlahg
sure: ***I'm sure***	ich bin mir sicher	ikh bin meer **zikh**er
surname	der Nachname	**nahkh**-nah-me

surprise	die Überraschung	ueber-**rash**oong
to survive	überleben	ueber**leh**ben
to sweat	schwitzen	**shvits**en
sweater	der Pullover	pool-**oh**ver
sweet (not savoury)	süß	zues
sweetener	der Süßstoff	**zues**-shtof
sweets	die Süßigkeiten	**zue**sikh-kyten
to swim	schwimmen	**shvim**men
swimming pool	das Schwimmbad	**shvim**baht
swimsuit	der Badeanzug	**bah**de-**an**tsook
Swiss adj	schweizerisch	**shvyt**-ser-rish
to switch off (light)	ausschalten	**ows**-shalten
(machine)	abschalten	**ap**shalten
(gas, water)	abstellen	**ap**shtellen
to switch on (light, machine)	einschalten	**yn**-shalten
(gas, water)	anstellen	**an**shtellen
Switzerland	die Schweiz	shvyts

T

table	der Tisch	tish
table tennis	der Tischtennis	**tish**tennis
table wine	der Tafelwein	**tah**felvyn
to take	nehmen	**neh**men
how long does it take?	wie lange dauert es?	vee **lang**-e **dow**ert es?
take-away food	Essen zum Mitnehmen	**ess**en tsoom **mit**nehmen
to take off	abfliegen	**ap**fleegen
to talk to	sprechen mit	**shprekh**en mit
tall	groß	grohs
to taste	probieren	pro**beer**-ren
tax	die Steuer	**shtoy**er
tea	der Tee	teh
herbal tea	der Kräutertee	**kroy**terteh
tea bag	der Teebeutel	**teh**boytel
to teach	unterrichten	oonter-**rikh**ten
teacher	der Lehrer/die Lehrerin	**lehr**er/**lehr**er-rin
tonight	heute Abend	**hoy**-te **ah**bent

teeth	die Zähne	**tseh**-ne
telephone	das Telefon	tele**fohn**
television	das Fernsehen	**fern**-zeh-en
to tell	erzählen	er-**tseh**len
temperature	die Temperatur	tempera**toor**
temporary	provisorisch	provi**zoh**-rish
tennis	der Tennis	**tenn**is
terminal	das Terminal	**ter**minal
terrace	die Terrasse	te-**ras**-e
to test	testen	**tes**ten
to text	eine SMS schreiben	**yn**-e es-em-**es** **shry**ben
text message	die SMS	es-em-**es**
than	als	als
to thank	danken	**dang**ken
thanks very much	vielen Dank	**fee**len dank
thank you	danke	**dang**-ke
that	das	das
that one	das da	das dah
the	der, die, das	dehr, dee, das
theatre	das Theater	teh-**ah**-ter
their	ihr/ihre	eer/**eer**-re
them	ihnen	**ee**nen
there (over there)	dort	dort
there is/are	es gibt	es gipt
these	diese	**dee**-ze
these ones	die hier	dee heer
they	sie	zee
thick (not thin)	dick	dik
thief	der Dieb	deep
thin	dünn	duen
thing	das Ding	ding
my things	meine Sachen	**myn**-e **zakh**-en
to think	denken	**deng**ken
thirsty	durstig	**doors**tikh
to be thirsty	Durst haben	doorst **hah**ben
this	dies	dees
this one	dieses hier	**dee**zes heer
those	jene	**yeh**-ne
those ones	die dort	dee dort

throat lozenges	die Halspastillen	hals-pas**till**en
through	durch	doorkh
to throw away	wegwerfen	**vek**verfen
thumb	der Daumen	**dow**men
thunderstorm	das Gewitter	ge**vitt**er
Thursday	Donnerstag	**donn**ers-tahk
ticket	die Karte	**kar**-te
(train, bus, etc.)	die Fahrkarte	**fahr**-kar-te
(entrance fee)	die Eintrittskarte	**yn**trits-kar-te
ticket office	der Fahrkartenschalter	**fahr**karten-shalter
tidy	ordentlich	**or**dentlikh
to tidy up	aufräumen	**owf**-roymen
tight	eng	eng
till (cash desk)	die Kasse	**kas**-e
till (until)	bis	bis
time (of day)	die Zeit	tsyt
what time is it?	wie spät ist es?	vee shpeht ist es?
timetable	der Fahrplan	**fahr**plahn
to tip	Trinkgeld geben	**trink**-gelt **geh**ben
tip (to waiter, etc.)	das Trinkgeld	**trink**-gelt
tired	müde	**mue**de
tissues	die Papiertaschentücher	pa**peer**-**tash**en-tue-kher
to	zu (zum/zur)	tsoo (tsoom/tsoor)
(with names of places)	nach	nahkh
today	heute	**hoy**-te
toe	die Zehe	**tseh**-e
together	zusammen	tsoo**zamm**en
tomato juice	der Tomatensaft	to**mah**ten-zaft
tomorrow	morgen	**mor**gen
tonic water	das Tonic	**ton**ik
tonight	heute Abend	hoy-te **ah**bent
too (also)	auch	owkh
toothache	die Zahnschmerzen	**tsahn**-shmertsen
toothpick	der Zahnstocher	**tsahn**-shtokh-er
total (amount)	die Endsumme	**ent**zoom-e
to touch	anfassen	**an**fassen
tough (meat)	zäh	tseh
tour	die Fahrt	fahrt
guided tour	die Führung	**fuer**-roong

tour guide	der Reiseführer/ die Reiseführerin	**ry**-ze-fuer-rer/**ry**-ze-fuer-rer-rin
tourist office	das Fremden-verkehrsbüro	**frem**den-ferkehrs-bue-**roh**
tour operator	der Reiseveranstalter	**ry**-ze-fer-**an**shtalter
towel	das Handtuch	**hant**-tookh
town	die Stadt	shtat
town centre	das Stadtzentrum	**shtat**-tsentroom
town hall	das Rathaus	**raht**-hows
traffic	der Verkehr	fer**kehr**
traffic jam	der Stau	shtow
traffic lights	die Ampel	**am**pel
train	der Zug	tsook
by train	mit dem Zug	mit dehm tsook
tram	die Straßenbahn	**shtrah**-sen-bahn
to translate	übersetzen	ueber**zet**sen
to travel	reisen	**ry**zen
travel agent's	das Reisebüro	**ry**-ze-bue-**roh**
travel sickness	die Reisekrankheit	**ry**-ze-krank-hyt
tree	der Baum	bowm
trip	der Ausflug	**ows**flook
trolley (luggage)	der Gepäckwagen	ge**pek**vahgen
trousers	die Hose	**hoh**-ze
true	wahr	vahr
to try	versuchen	fer**zookh**en
to try on	anprobieren	**an**pro**beer**-ren
Tuesday	Dienstag	**deens**-tahk
to turn (right/left)	abbiegen	**ap**beegen
to turn around	umdrehen	**oom**dreh-en
to turn off (light)	ausmachen	**ows**makh-en
(TV, radio, etc.)	ausschalten	**ows**-shalten
(tap)	zudrehen	**tsoo**-dreh-en
to turn on (light)	anmachen	**an**makh-en
(TV, radio, etc.)	anschalten	**an**shalten
(tap)	aufdrehen	**owf**-dreh-en
twice	zweimal	**tsvy**mahl
twin room	das Zweibettzimmer	**tsvy**bet-tsimmer
typical	typisch	**tue**pish
Tyrol	Tirol	ti**rohl**

U

ugly	hässlich	**hess**likh
uncle	der Onkel	**ong**kel
uncomfortable	unbequem	**oon**-be-kvehm
under	unter	**oon**ter
undercooked	nicht gar	nikht gahr
underground	die U-Bahn	**oo**bahn
understand	verstehen	fer**shteh**-en
I don't understand	ich verstehe nicht	ikh fer**shteh**-e nikht
unemployed	arbeitslos	**ar**bytslohs
to unfasten	aufmachen	**owf**makh-en
United Kingdom	das Vereinigte Königreich	das fer-**yn**ik-te **kur'**nig-rykh
United States	die Vereinigten Staaten	fer-**yn**ik-te **shtah**ten
university	die Universität	ooniverzi**teht**
unleaded petrol	das bleifreie Benzin	**bly**fry-e ben**tseen**
unlikely	unwahrscheinlich	**oon**vahrshynlikh
to unlock	aufschließen	**owf**shlee-sen
to unpack	auspacken	**ows**pakken
unpleasant	unangenehm	**oon**an-genehm
until	bis	bis
up: ***to get up***	aufstehen	**owf**shteh-en
upside down	verkehrt herum	fer**kehrt** her-**room**
upstairs	oben	**oh**ben
urgent	dringend	**dring**-ent
us	uns	oons
to use	benutzen	be**noot**-sen
useful	nützlich	**nuets**likh
username	der Benutzername	be**noot**ser-nah-me
usual(ly)	gewöhnlich	ge**vur'n**likh

V

vacancy (hotel)	Zimmer frei	**tsimm**er fry
vacant	frei	fry
vacation	Urlaub	**oor**lowb
valid	gültig	**guel**tikh
valuable	wertvoll	**vehrt**fol
valuables	die Wertsachen	**vehrt**zakh-en

VAT	die Mehrwertsteuer (MWST)	**mehr**vehrt-shtoyer
vegan: ***I'm vegan***	ich bin Veganer/ Veganerin	ikh bin ve**gah**ner/ ve**gah**ner-rin
vegetarian: ***I'm vegetarian***	vegetarisch ich bin Vegetarier/ Vegetarierin	ve-ge-**tah**rish ikh bin ve-ge-**tah**ri-er/ ve-ge-**tah**ri-er-rin
vehicle	das Fahrzeug	**fahr**-tsoyk
very	sehr	zehr
vet	der Tierarzt/die Tierärztin	**teer**ahrtst/ **teer**ehrts-tin
via	über	**ue**ber
video game	das Videospiel	**vee**deh-oh-shpeel
Vienna	Wien	veen
view	die Aussicht	**ows**-zikht
village	das Dorf	dorf
visa	das Visum	**vee**zoom
visit	der Besuch	be**sookh**
to visit (person)	besuchen	be**sookh**-en
(place)	besichtigen	be-**zikh**ti-gen
voucher	der Gutschein	**goot**-shyn

W

waiter	der Kellner	**kel**ner
to wait for	warten auf	**var**ten owf
waiting room	der Warteraum	**var**-te-rowm
waitress	die Kellnerin	kelner-rin
to wake up	aufwachen	**owf**vakh-en
Wales	Wales	wehlz
walk	der Spaziergang	shpat-**seer**gang
to go for a walk	einen Spaziergang machen	**yn**-en shpat-**seer**gang **makh**-en
to walk	spazieren gehen	shpat-**seer**-ren **geh**-en
(go on foot)	zu Fuß gehen	tsoo foos **geh**-en
wallet	die Brieftasche	**breef**tash-e
to want	wollen	**voll**en
I want...	ich möchte...	ikh **mur'kh**-te...
we want...	wir möchten...	veer **mur'kh**ten...
war	der Krieg	kreek

warm	warm	varm
to warm up (milk, etc.)	aufwärmen	**owf**vermen
to wash	waschen	**vash**en
wash and blow-dry	waschen und föhnen	**vash**en oont **fur'**nen
wasp sting	der Wespenstich	**ves**pen-shtikh
to watch	zuschauen	**tsoo**showen
watch	die Armbanduhr	**arm**bant-oo-er
water	das Wasser	**vass**er
waterproof	wasserdicht	**vass**erdikht
to water ski	Wasserski fahren	**vass**ershee **fah**ren
we	wir	veer
weak	schwach	shvakh
(tea, coffee)	dünn	duen
to wear	tragen	**trah**gen
weather	das Wetter	**vett**er
weather forecast	die Wettervorhersage	**vett**er-for**hehr**zah-ge
wedding anniversary	der Hochzeitstag	**hokh**-tsyts-tahk
Wednesday	Mittwoch	**mit**vokh
week	die Woche	**vokh**-e
weekend	das Wochenende	**vokh**en-en-de
weight	das Gewicht	ge**vikht**
welcome	willkommen	vil**komm**en
well	gut	goot
he's not well	ihm geht es nicht gut	eem geht es nikht goot
well-done (steak)	durch	doorkh
Welsh adj	walisisch	va**lee**zish
west	der Westen	**ves**ten
wet	nass	nas
what	was	vas
when	wann	van
where	wo	voh
which	welcher/welche/welches	**vel**-kher/**vel**-khe/**vel**-khes
while	während	**veh**rent
in a while	bald	balt
white	weiß	vys

who	wer	vehr
wholemeal bread	das Vollkornbrot	**fol**kornbroht
whose	wessen	**vess**en
why	warum	va-**room**
wide	breit	bryt
wife	die Frau	frow
to win	gewinnen	ge**vinn**en
wind	der Wind	vint
window	das Fenster	**fen**ster
windy	windig	**vin**dikh
wine	der Wein	vyn
wine list	die Weinkarte	**vyn**-kar-te
winter	der Winter	**vin**ter
with	mit	mit
to withdraw cash	Geld abheben	gehlt **ap**hehben
without	ohne	**oh**-ne
woman	die Frau	frow
wonderful	wunderbar	**voon**derbahr
wooden	hölzern	**hur'lts**ern
work	die Arbeit	**ahr**byt
to work (person)	arbeiten	**ahr**byten
(machine)	funktionieren	foonk-tsio-**neer**-ren
worried	besorgt	be**zorkt**
worse	schlechter	**shlehkh**ter
worth: ***it's worth £50***	es ist fünfzig Pfund wert	es ist **fuenf**-tsikh pfoont vehrt
to write	schreiben	**shry**ben
wrong	falsch	falsh
what's wrong?	was stimmt nicht?	vas shtimt nikht?

X

to X-ray	röntgen	**rur'nt**gen

Y

year	das Jahr	yahr
this year	dieses Jahr	**dee**zes yahr
next year	nächstes Jahr	**neh**-kstes yahr
last year	letztes Jahr	**lets**-tes yahr
yearly	jährlich	**yehr**likh
yellow	gelb	gelp

English	German	Pronunciation
Yellow Pages®	die Gelben Seiten®	**gel**ben **zy**ten
yes	ja	yah
yesterday	gestern	**ges**tern
yet: ***not yet***	noch nicht	nokh nikht
yoghurt	der Jogurt	**yoh**goort
plain yoghurt	der Naturjogurt	na**toor**-**yoh**goort
you (formal sing. and pl.)	Sie	zee
(informal sing.)	du	doo
(pl.)	ihr	eer
young	jung	yoong
your	dein/deine Ihr/Ihre	dyn/**dyn**-e eer/ **eer**-re
youth hostel	die Jugendherberge	**yoo**gent-her-ber-ge

Z

English	German	Pronunciation
zero	null	nool

A

ab	off; from
ab 8 Uhr	from 8 o'clock
ab Mai	from May onward
abbestellen	to cancel
abbiegen	to turn *(right/left)*
Abend *m*	evening
Abendessen *nt*	evening meal
abends	in the evening
aber	but
abfahren	to depart; to leave
Abfahrt *f*	departures
Abfahrtszeit *f*	departure time
Abfertigungsschalter *m*	check-in desk
abfliegen	to take off
Abflug (-flüge) *m*	flight departures
Abflugzeit *f*	departure time
abholen	to fetch; to claim *(baggage, etc.)*
abholen lassen	to send for
ablaufen	to expire
Abreise *f*	departure
absagen	to cancel
abschalten	to switch off *(machine)*
Absender *m*	sender
abstellen	to turn off; to park
Abteilung *f*	department
achten auf	to pay attention to
Achtung *f*	caution; danger
ähnlich	similar
Aktentasche *f*	briefcase
akzeptieren	to accept
alkoholfrei	non-alcoholic
alkoholisch	alcoholic *(drink)*
alle	all; everybody; everyone
alle zwei Tage	every other day
allein	alone
allergisch gegen	allergic to
alles	everything; all
allgemein	general; universal

alt	old
Altbier *nt*	type of dark beer
Alter *nt*	age *(of person)*
ältere(r/s)	older; elder
am	at; in; on
am Bahnhof	at the station
am Abend	in the evening
am Freitag	on Friday
Amerika *nt*	America
amerikanisch *adj*	American
Ampel *f*	traffic light
an	at; on *(light, radio, etc.)*; near
an/aus	on/off
Ananas *f*	pineapple
anbieten	to offer
andere(r/s)	other
ändern	to change *(to alter)*
Anfang (-fänge) *m*	start *(beginning)*
anfangen	to begin; to start
Anfrage *f*	enquiry
Angebot *nt*	offer
im Angebot	on offer
angenehm	pleasant
ankommen	to arrive
ankündigen	to announce
Ankunft (-künfte) *f*	arrivals
anmachen	to turn on
Anmeldeformular *nt*	registration form
Anmeldung *f*	reception *(place)*
annehmen	to assume; to accept
anprobieren	to try on
Anruf *m*	phone call
Anrufbeantworter *m*	answerphone
anrufen	to phone
anschalten	to turn on
anschauen	to look at
Anschluss (-schlüsse) *m*	connection *(train, etc.)*
anschnallen	to fasten
Ansicht *f*	view
Ansichtskarte *f*	picture postcard

anstatt	instead of
ansteckend	infectious
anstehen	to queue
anstellen	to switch on *(gas, water)*
Antwort *f*	answer; reply
antworten	to answer; to reply
Anweisungen *pl*	instructions
Apfel (Äpfel) *m*	apple
Apfelsaft *m*	apple juice
Apfelsine(n) *f*	orange
Apfelwein *m*	cider
Apotheke *f*	pharmacy
Aprikose(n) *f*	apricot
April *m*	April
Arbeit *f*	employment; work
arbeiten	to work *(person)*
arbeitslos	unemployed
arm	poor
Arm *m*	arm
Armbanduhr *f*	watch
Art *f*	type; sort; manner
Arzt (Ärztin) *m/f*	doctor
atmen	to breathe
auch	also; too; as well
auf	onto; on; upon; on top of
auf Deutsch	in German
auf Wiedersehen	goodbye
aufdrehen	to turn on *(tap)*
Aufenthalt *m*	stay; visit
Aufenthaltsraum (-räume) *m*	lounge
Auffahrt *f*	slip-road; driveway
aufhalten	to delay; to hold up
sich aufhalten	to stay
aufmachen	to open *(shop, bank etc.)*; to unfasten
aufregend	exciting
aufschließen	to unlock
aufschreiben	to write down
aufstehen	to get up

aufwachen	to wake up
Aufzug (-züge) *m*	lift
Augenblick *m*	moment; instant
August *m*	August
aus	off *(light, radio, etc.)*; made of; from; out of
Ausdruck *m*	expression; printout
Ausfahrt *f*	exit *(motorway)*
Ausfall (-fälle) *m*	failure *(mechanical)*
Ausflug (-flüge) *m*	trip; excursion
ausfüllen	to fill in *(form)*
Ausgaben *pl*	expenses
Ausgang (-gänge) *m*	exit
ausgeben	to spend *(money)*
ausgehen	to go out *(socially)*
ausgezeichnet	excellent
Auskunft (-künfte) *f*	information
Ausland: *aus dem Ausland*	from overseas
Ausländer(in) *m/f*	foreigner
Ausnahme *f*	exception
auspacken	to unpack
ausschalten	to switch off *(light, TV, radio)*
außer Betrieb	out of order
Aussicht *f*	view; prospect
aussprechen	to pronounce
Ausstellungsdatum *nt*	date of issue
Australien *nt*	Australia
australisch *adj*	Australian
Ausverkauf *m*	sale
ausverkauft	sold out
Auswahl *f*	choice
Auto *nt*	car
Autobahn *f*	motorway
Autobahngebühr *f*	toll
Autokarte *f*	road map
automatisch	automatic
Automat wechselt	change given
Autovermietung *f*	car hire

B

Bäckerei *f*	baker's
Bad (Bäder) *nt*	bath; spa
Badeanzug (-anzüge) *m*	swimsuit
Badehose *f*	swimming trunks
baden	to bathe; to swim
Baden verboten	no swimming
Badezimmer *nt*	bathroom
Bahn *f*	railway; rink
Bahnhof (-höfe) *m*	station; depot
Bahnsteig *m*	platform
Bahnübergang (-gänge) *m*	level crossing
bald	soon
Banane(n) *f*	banana
Bankkonto *nt*	bank account
Bargeld *nt*	cash
Basel	Basle
bauen	to build
Bauer (Bäuerin) *m/f*	farmer
Bauernmarkt (-märkte) *m*	farmers' market
Baum (Bäume) *m*	tree
Baumwolle *f*	cotton *(fabric)*
Baustelle *f*	roadworks; construction site
Bayern *nt*	Bavaria
beachten	to observe; to obey
beantworten	to answer
Bedarfshaltestelle *f*	request stop
bedeckt	cloudy *(weather)*
Bedeutung *f*	meaning
bedienen	to serve; to operate
sich bedienen	to help oneself
Bedienung *f*	service charge; waiter/waitress
Bedingung *f*	condition
beenden	to end; to finish
Beere *f*	berry
beginnen	to begin
behalten	to keep *(retain)*
Behandlung *f*	treatment
beheizt	heated

behindert	disabled *(person)*
bei	near; by *(beside)*; at; on; during
beide	both
Beilage *f*	side-dish
Beispiel *nt*	example
Bekleidungsgeschäft *nt*	clothes shop
bekommen	to get; to receive; to obtain
belegt	no vacancies
beliebt	popular
benachrichtigen	to inform
benötigen	to require
benutzen	to use
Benzin *nt*	petrol
bequem	comfortable
berechtigt zu	entitled to
bereit	ready
Berg(e) *m*	mountain
Bericht *m*	report; bulletin
Berliner *m*	doughnut
Beruf *m*	profession; occupation
berühmt	famous
berühren	to touch
beschädigen	to damage
beschäftigt	busy
beschreiben	to describe
Beschreibung *f*	description
Beschwerde *f*	complaint
besetzt	engaged; occupied
besichtigen	to visit *(place)*
Besichtigungen *pl*	sightseeing
Besichtigungstour *f*	guided tour
besondere(r/s)	particular; special
besorgt	worried
besser	better
Besserung: ***gute Besserung***	get well soon
bestätigen	to confirm
Bestätigung *f*	confirmation *(flight, etc.)*
beste(r/s)	best
bestellen	to book; to order
besuchen	to visit *(person)*

Besucher(in) *m/f*	visitor
Betrag (Beträge) *m*	amount
Betrag erhalten	payment received
betreten	to enter
Bettdecke *f*	duvet; quilt
Bettzeug *nt*	bedclothes
bewölkt	cloudy
bezahlen	to pay; to settle a bill
Bezahlung *f*	payment
Bienenstich *m*	bee sting; type of cream cake
Bierstube *f*	pub that specializes in beer
Bier vom Fass *nt*	draught beer
bieten	to offer
billig	cheap; inexpensive
Billigtarif *m*	cheap rate
Birne(n) *f*	pear
bis	until; till
bis jetzt	up till now
bis bald	see you soon
bisschen: *ein bisschen*	a little; a bit of
bitte	please; you're welcome
bitte?	pardon?
blass	pale
blau	blue
bleiben	to stay; to remain
bleifreies Benzin *nt*	unleaded petrol
Blitz *m*	lightning
blockiert	jammed *(camera, lock)*
Blockschrift *f*	block letters
Blumen *pl*	flowers
Blutdruck *m*	blood pressure
bluten	to bleed
Blutgruppe *f*	blood group
blutig	rare *(steak)*
Bockbier *nt*	strong beer
Bodensee *m*	Lake Constance
Bohnen *pl*	beans
Bootsfahrt *f*	cruise
Bootsverleih *m*	boat hire
Bordkarte *f*	boarding pass

Botschaft *f*	embassy
braten	to fry; to roast
Bratkartoffeln *pl*	fried potatoes
Bratwurst (-würste) *f*	sausage
brauchen	to need
Brauerei *f*	brewery
braun	brown
breit	wide
Briefkasten *m*	letterbox; postbox
Briefmarke(n) *f*	stamp
Briefpapier *nt*	writing paper
Brieftasche *f*	wallet
Briefumschlag (-schläge) *m*	envelope
Brille *f*	glasses *(spectacles)*
bringen	to bring
britisch	British
Brot *nt*	bread; loaf
Brötchen *nt*	bread roll
Brücke *f*	bridge
Bruder (Brüder) *m*	brother
Buch (Bücher) *nt*	book
buchen	to book
Buchhandlung *f*	bookshop
Buchung *f*	booking
bügeln	to iron
bunt	coloured
Burg *f*	castle; fortress *(medieval)*
Bürgersteig *m*	pavement; sidewalk
Büro *nt*	agency; office
Busbahnhof (-höfe) *m*	bus/coach station
Bushaltestelle *f*	bus stop
Busreise *f*	coach trip

C

Campingplatz (-plätze) *m*	campsite
Champignon(s) *m*	mushroom
Chef(in) *m/f*	boss
Chips *pl*	crisps
Chor (Chöre) *m*	choir
Computerspiel *nt*	computer game

D

da	there
nicht da	out *(not at home)*
daheim	at home
Damen	ladies
Dampfer *m*	steamer *(boat)*
danach	after *(afterwards)*
Dänemark *nt*	Denmark
danke	thank you
danken	to thank
das	the; that; this; which
Datum (Daten) *nt*	date *(day)*
Dauer *f*	length; duration
Decke *f*	blanket; ceiling
dein(e)	your *(informal sing.)*
dem	the
den	the
denken	to think
Denkmal (-mäler) *nt*	monument
Deo *nt*	deodorant
der	the; who(m); that; this; which
deutsch *adj*	German
Deutsch *nt*	German *(language)*
Deutsche(r) *m/f*	German
Devisen *pl*	foreign currency
Dezember *m*	December
dich	you *(informal sing.)*
dick	fat
die	the; who(m); that; this; which
Diebstahl (-stähle) *m*	theft
Dienst *m*	service
im Dienst	on duty
Dienstag *m*	Tuesday
dienstbereit	open *(pharmacy)*; on duty *(doctor)*
Dienstreise *f*	business trip
Dienstzeit *f*	office hours
dies	this
diese	these

diese(r/s)	this (one)
Ding(e) *nt*	thing
dir	(to) you *(informal sing.)*
Direktflug (-flüge) *m*	direct flight
Dom *m*	cathedral
Donner *m*	thunder
Donnerstag *m*	Thursday
Doppel-	double
Doppelbett *nt*	double bed
doppelt	double
Doppelzimmer *nt*	double room
Dorf (Dörfer) *nt*	village
dort	there *(over there)*; that one
Dozent(in) *m/f*	teacher *(university)*
draußen	outdoors; outside
drehen	to turn; to twist
Dreibettabteil *nt*	three-berth compartment
dringend	urgent
drinnen	indoors
Droge *f*	drug
Drogerie *f*	chemist's *(not for prescriptions)*
drücken	push
Druckschrift *f*	block letters
du	you *(informal sing.)*
dumm	stupid
dunkel	dark
dunkelblau	dark blue
dünn	thin; weak *(tea)*
dunstig	misty
durch	through; well-done *(steak)*
Durchfahrt verboten	no through traffic
Durchfall *m*	diarrhoea
Durchgangsverkehr *m*	through traffic
durchgehend	direct *(train, bus)*; 24 hour
Durchzug *m*	draught *(of air)*
dürfen	to be allowed
Dürre *f*	drought
durstig	thirsty
Dusche *f*	shower
Dutzend *nt*	dozen

E

echt	real; genuine
Ecke *f*	corner
ehemalig	ex-
ehrlich	honest
Ei(er) *nt*	egg
eifersüchtig	jealous
Eigelb *nt*	egg yolk
Eilbrief *m*	express letter
Eilzustellung *f*	special delivery
ein	*(with 'das'/'der' words)* a; one
ein	on *(machine)*
Einbahnstraße *f*	one-way street
einchecken	to check in
eine	*(with 'die' words)* a; one
einfach	simple; single ticket; plain *(unflavoured)*
Eingang (-gänge) *m*	entrance
Eingangstür *f*	front door
eingeschaltet	on *(machine)*
eingeschlossen	included *(in price)*
einige(r/s)	some; a few
einkaufen	to shop
Einkaufszentrum (-zentren) *nt*	shopping centre
einladen	to invite
Einladung *f*	invitation
Einlass ab 18	no entry for under 18s
einlösen	to redeem *(voucher)*
einmal	once
einnehmen	to take *(medicine)*
einschalten	to switch on *(light, TV)*
einschließlich	including
einsteigen	to get in/on(to) *(bus, etc.)*
Einstellplatz (-plätze) *m*	car port
Eintopf (-töpfe) *m*	stew
Eintritt frei	free entry
Eintrittspreis *m*	admission charge/fee
Einwurf 2 Euro	insert 2 euros

Einzahlung *f*	deposit
Einzelfahrschein *m*	single ticket
einzeln	single; individual
Einzelzimmer *nt*	single room
Eis *nt*	ice cream; ice
Eisbecher *m*	ice-cream sundae
Eisdiele *f*	ice-cream parlour
Eiskaffee *m*	iced coffee
Eistee *m*	iced tea
Eiswürfel *pl*	ice cubes
Eiweiß *nt*	egg white
Elektrorasierer *m*	electric razor
Ellbogen *m*	elbow
Eltern *pl*	parents
Empfang (-pfänge) *m*	reception
Empfangsschein *m*	receipt
empfehlen	to recommend
Endstation *f*	terminal
Endsumme *f*	total *(amount)*
eng	narrow; tight *(clothes)*
England *nt*	England
Engländer(in) *m/f*	Englishman/woman
Englisch *nt*	English *(language)*
Enkel *m*	grandson
Enkelin *f*	granddaughter
Ente *f*	duck
enteisen	to de-ice
entfernt	away
2 *Kilometer entfernt*	2 km away
entfrosten	to defrost
entrahmte Milch *f*	skimmed milk
entschädigen	to reimburse
Entschuldigung *f*	pardon; excuse me
entweder ... oder	either ... or
entwickeln	to develop
Entzündung *f*	inflammation
epileptischer Anfall (Anfälle) *m*	epileptic fit
er	he; it
Erbsen *pl*	peas

Erdbeeren *pl*	strawberries
Erdgeschoss *nt*	ground floor
Erdnuss (-nüsse) *f*	peanut
erfreut	pleased
Erfrischungen *pl*	refreshments
erhalten	to obtain; to receive
erhältlich	available
Erkältung *f*	cold *(illness)*
erkennen	to realize; to recognize
erklären	to explain
Erklärung *f*	explanation
erlauben	to permit; to allow
Ermäßigung *f*	reduction
Ersatz *m*	substitute; replacement
erste(r/s)	first
erste Hilfe	first aid
Erwachsene(r) *m/f*	adult
erzählen	to tell
es	it
essbar	edible
essen	to eat
Essen *nt*	food; meal
Essen zum Mitnehmen	take-away food
Essig *m*	vinegar
Esslöffel *m*	tablespoon
Esszimmer *nt*	dining room
Etage *f*	floor; storey
Etagenbetten *pl*	bunk beds
etwas	something
euch	(to) you *(informal pl.)*
euer (eure)	your *(informal pl.)*
europäisch *adj*	European
Exemplar *nt*	copy
Experte (Expertin) *m/f*	expert

F

Fabrik *f*	works; factory
Facharzt (Fachärztin) *m/f*	specialist *(medical)*
Fahrbahn *f*	carriageway

Fähre *f*	ferry
fahren	to drive; to go
Fahrer(in) *m/f*	driver *(of car)*
Fahrgast (-gäste) *m*	passenger
Fahrkarte *f*	ticket *(train, bus, etc.)*
Fahrkartenschalter *m*	ticket office
Fahrplan (-pläne) *m*	timetable *(trains, etc.)*
Fahrplanhinweise *pl*	travel information
Fahrrad (-räder) *nt*	bicycle
Fahrschein *m*	ticket
Fahrscheinentwerter *m*	ticket stamping machine
Fahrscheinheft *nt*	book of tickets
Fahrstuhl (-stühle) *m*	lift
Fahrt *f*	journey
gute Fahrt!	safe journey!
Fahrzeug *nt*	vehicle
Fall: ***im Falle von***	in case of
fallen	to fall
falsch	false *(name, etc.)*; wrong
Familie *f*	family
Familienname *m*	surname
Familienstand *m*	marital status
Farbe *f*	colour
farbig	coloured
Fasching *m*	carnival
Fass (Fässer) *nt*	barrel
vom Fass	on tap; on draught
Fassbier *nt*	draught beer
faul	lazy
Februar *m*	February
fehlen	to be missing
Fehler *m*	fault; mistake
feiern	to celebrate
Feiertag *m*	holiday
Fenster *nt*	window
Ferien *pl*	holiday
Ferngespräch *nt*	long-distance call
Fernsehen *nt*	television
fertig	ready; finished
Fest *nt*	celebration; party; festival

fettarm	low-fat
fettig	greasy
feuergefährlich	inflammable
Fieber *nt*	fever
Fieber haben	to have a temperature
Filzstift *m*	felt-tip pen
finden	to find
Firma (Firmen) *f*	company *(firm)*
Fisch *m*	fish
flach	flat *(level)*; shallow *(water)*
Flasche *f*	bottle
Flaschenbier *nt*	bottled beer
Fleisch *nt*	meat; flesh
fliegen	to fly
Flöhe *pl*	fleas
Flug (Flüge) *m*	flight
Flugauskunft (-künfte) *f*	flight information
Fluggast (-gäste) *m*	passenger
Flughafen *m*	airport
Flughafenbus *m*	airport bus
Flugschein *m*	plane ticket
Flugsteig *m*	gate
Flugzeug *nt*	plane, aircraft
Fluss (Flüsse) *m*	river
folgen	to follow
Forelle *f*	trout
Fotoapparat *m*	camera
Frage *f*	question
fragen	to ask
frankieren	to stamp *(letter)*
Frankreich *nt*	France
Franzose (Französin) *m/f*	Frenchman/woman
französisch *adj*	French
Frau *f*	wife; Mrs; Ms; woman
Fräulein *nt*	Miss
frei	free; vacant
im Freien	outdoor
Freibad (-bäder) *nt*	open-air pool
freiberuflich	freelance; self-employed
Freigepäck *nt*	baggage allowance

Freiland-	free-range
Freitag *m*	Friday
Freizeichen *nt*	dialling tone
Freizeit *f*	spare time; leisure
Freizeitzentrum *nt*	leisure centre
fremd	foreign; strange *(unknown)*
Freude *f*	joy
Freund *m*	friend; boyfriend
Freundin *f*	friend; girlfriend
freundlich	friendly
frisch	fresh; wet *(paint)*
Frischkäse *m*	cream cheese
Friseur (Friseurin) *m/f*	hairdresser
Früchte *pl*	fruit
Früchtetee *m*	fruit tea
Fruchtsaft (-säfte) *m*	fruit juice
früh	early
Frühling *m*	spring *(season)*
Frühstück *nt*	breakfast
fühlen	to feel
führen	to lead
Führerschein *m*	driving licence
füllen	to fill
Fundbüro *nt*	lost property office
für	for
Fuß (Füße) *m*	foot (feet)
zu Fuß gehen	to walk
Fußballspiel *nt*	football match
Fußgängerüberweg *m*	pedestrian crossing
Fußgängerzone *f*	pedestrian precinct

G

Gabel *f*	fork *(for eating)*
Gang (Gänge) *m*	course *(of meal)*; aisle *(theatre, plane)*
Gans (Gänse) *f*	goose
ganz	whole; quite
ganztägig	full-time
Garantie *f*	guarantee; warranty

Garten (Gärten) *m*	garden
Gartenlokal *nt*	garden café
Gasse *f*	alley; lane *(in town)*
Gast (Gäste) *m*	guest
Gasthaus (-häuser) *nt*	inn
Gasthof (-höfe) *m*	guesthouse
Gaststätte *f*	restaurant
Gaststube *f*	lounge; restaurant
Gebäck *nt*	baked goods
gebacken	baked
gebeizt	cured; marinated
geben	to give
geboren	born
gebraten	fried
gebrauchen	to use
gebrochen	broken
Gebühr *f*	fee
gebührenpflichtig	subject to fee
Geburtsdatum *nt*	date of birth
Geburtsort *m*	place of birth
Geburtstag *m*	birthday
Gedeckpreis *m*	cover charge *(in restaurant)*
gedünstet	steamed
gefährlich	dangerous
gefroren	frozen *(food)*
gefüllt	stuffed
gegen	versus; against; toward
Gegend *f*	district; region
gegenüber	opposite; facing
gegrillt	grilled
Geheimzahl *f*	PIN number
gehen	to go; to walk
gekocht	boiled; cooked
gelb	yellow
Gelbe Seiten® *pl*	Yellow Pages®
Geld *nt*	money
Geld abheben	to withdraw cash
Geld einwerfen	to insert money
Geldautomat *m*	cash machine; ATM
Geldbeutel *m*	purse

Geldrückgabe *f*	coin return
Geldstrafe *f*	fine *(to be paid)*
Geldstück *nt*	coin
gelegentlich	occasionally
Geltungsdauer *f*	period of validity
gemischt	mixed; assorted
Gemüse *nt*	vegetables
genau	accurate; precise; exact(ly)
genmanipuliert	genetically modified
gentechnikfrei	GM-free
genug	enough
geöffnet	open
Gepäck *nt*	luggage
Gepäckaufbewahrung *f*	left-luggage office
Gepäckausgabe *f*	baggage reclaim
geradeaus	straight ahead
geräuchert	smoked *(food)*
geröstet	sauté; fried; toasted
Gesamtsumme *f*	total amount
Geschäft(e) *nt*	business; shop
Geschäftsführer(in) *m/f*	manager
Geschäftsstunden (-läden) *pl*	business hours
geschehen	to happen
Geschenk *nt*	gift
Geschenkeladen *m*	gift shop
Geschichte *f*	history
geschieden	divorced
geschlossen	closed; shut
Geschmack (-schmäcker) *m*	taste; flavour
geschmort	braised
geschnittenes Brot *nt*	sliced bread
Geschoss *nt*	storey
geschützt	sheltered
Geschwindigkeit *f*	speed
Gesellschaft *f*	company
Gesetz *nt*	law
gesetzlicher Feiertag *m*	public holiday
Gesicht *nt*	face
gesperrt	closed
Gespräch *nt*	talk; phone call

Gesprächsguthaben	credit *(on mobile phone)*
Gestank *m*	smell *(unpleasant)*
gestattet	permitted
gestern	yesterday
gestochen	stung; bitten *(by insect)*
gestreift	striped
gesund	healthy
Gesundheit *f*	health; bless you!
Getränk(e) *nt*	drink
getrennt	separated *(couple)*
Gewicht *nt*	weight
gewinnen	to win
Gewitter *nt*	thunderstorm
gewöhnlich	usual(ly)
Gewürz *nt*	spice; seasoning
gibt es...?	is/are there...?
giftig	poisonous
Glas (Gläser) *nt*	glass; jar
Glatteis *nt*	black ice
glatzköpfig	bald *(person)*
glauben	to believe; to think *(be of opinion)*
gleich	same
Gleis *m*	platform; track
Glück *nt*	happiness; luck
glücklich	happy; lucky
glutenfrei	gluten-free
Grad *m*	degree *(of heat, cold)*
Gras *nt*	grass
Gräte *f*	fish bone
grau	grey
Grenze *f*	frontier; border *(of country)*
Grillstube *f*	steak house; grillroom
Grillteller *m*	mixed grill
Grippe *f*	flu
groß	tall; great; big; high *(number, speed)*
Großbritannien *nt*	Great Britain
Größe *f*	size *(of clothes, shoes)*; height
Großeltern *pl*	grandparents

großzügig	generous
grün	green; fresh *(fish)*
grüner Salat *m*	green salad
Gruppe *f*	group
Gruß (Grüße) *m*	greeting
gültig	valid
günstig	convenient; cheap
Gurke(n) *f*	cucumber; gherkin
Gürteltasche *f*	bumbag; moneybelt
gut	good; well; all right *(yes)*
guten Appetit	enjoy your meal
guten Tag	hello; good day/afternoon
Guthabenkarte *f*	charge card *(for mobile phone)*
Gutschein *m*	voucher; coupon

H

Haare *pl*	hair
Haarschnitt *m*	haircut
haben	to have
Hackfleisch *nt*	mince
Hafen (Häfen) *m*	harbour; port
Hafer *m*	oats
Hähnchen *nt*	chicken
halb	half
halb durch	medium rare *(meat)*
Halbfettmilch *f*	semi-skimmed milk
Halbinsel *f*	peninsula
Halbpension *f*	half board
Hälfte *f*	half
Halspastillen *pl*	throat lozenges
Halsschmerzen *pl*	sore throat
Halt *m*	stop
Haltbarkeitsdatum *nt*	best-before date
halten	to hold; to stop
Halten verboten	no stopping
Haltestelle *f*	bus stop
Hand (Hände) *f*	hand
handgemacht	handmade
Handgepäck *nt*	hand luggage

Handtasche *f*	handbag
Handtuch (-tücher) *nt*	towel
Handy *nt*	mobile *(phone)*
Handynummer *f*	mobile number
hart gekochtes Ei *nt*	hard-boiled egg
hässlich	ugly
häufig	frequent; common
Hauptbahnhof (-höfe) *m*	main station
Hauptgericht *nt*	main course
Hauptstadt (-städte) *f*	capital *(city)*
Haus (Häuser) *nt*	house; home
zu Hause	at home
Hauswein *m*	house wine
Heidelbeeren *pl*	blueberries
heilig	holy
Heiligabend *m*	Christmas Eve
heiraten	to marry
heiß	hot
heißen	to be called
heiße Schokolade *f*	hot chocolate
Heizung *f*	heating
helfen	to help
helles Bier *nt*	lager
Hemd *nt*	shirt
Herbst *m*	autumn
herein	in
hereinkommen	to come in
Herr *m*	gentleman; Mr
heruntergehen	to go down
Herzinfarkt *m*	heart attack
herzliche Glückwünsche!	congratulations!
Heuschnupfen *m*	hay fever
heute	today
heute Abend	tonight
hier	here
hiesig	local *(wine, speciality)*
Hilfe *f*	help
Himbeeren *pl*	raspberries
Himmel *m*	heaven; sky
hineingehen	to go in

hinten	behind
hinter	behind
Hin- und Rückfahrt *f*	round trip
H-Milch *f*	long-life milk
hoch	high
Hochsaison *f*	high season
Höchstgeschwindigkeit *f*	maximum speed
Höchsttarif *m*	peak rate
hoffen	to hope
höflich	polite
höher	higher
hoher Blutdruck *m*	high blood pressure
holen	to fetch
holländisch	Dutch
Holz *nt*	wood *(material)*
homöopathisch	homeopathic
Honig *m*	honey
hören	to hear
Hörnchen *nt*	croissant
Hose *f*	trousers
Hotel garni *nt*	bed and breakfast hotel
hübsch	pretty
Hühnchen *nt*	chicken
Hummer *m*	lobster
Hund *m*	dog
Hunger haben	to be hungry
husten	to cough
Hustenbonbons *pl*	cough sweets
Hustensaft *m*	cough mixture

I

ich	I
Idiotenhügel *m*	nursery slope
ihm	(to) him
ihn	him
ihnen	(to) them
Ihnen	(to) you *(formal)*
Imbiss *m*	snack
Imbissstube *f*	snack bar

immer	always
Inland *nt*	domestic *(flight, etc.)*
Inlandsgespräch *nt*	national call
innen	inside
in Ordnung	all right *(agreed)*
Insektenschutzmittel *nt*	insect repellent
Insel *f*	island
interessant	interesting
Internetanschluss *m*	internet access
Internetseite *f*	website
Ire (Irin) *m/f*	Irishman/woman
irgendjemand	someone
irgendwo	somewhere
irisch *adj*	Irish
Irland *nt*	Ireland
Irrtum (-tümer) *m*	mistake
Italien *nt*	Italy
Italiener(in) *m/f*	Italian
italienisch *adj*	Italian

J

ja	yes
Jacke *f*	jacket; cardigan
jagen	to hunt
Jahr *nt*	year
Jahrestag (-gänge) *m*	anniversary
Jahreszeit *f*	season
Jahrgang *m*	vintage
Jahrhundert *nt*	century
jährlich	annual; yearly
Jahrmarkt (-märkte) *m*	(fun)fair
Januar *m*	January
jeder	everyone
jede(r/s)	each
jemand	somebody; someone
jene	those
jetzt	now
Joghurt *m*	yoghurt

Johannisbeeren *fpl*	redcurrants; blackcurrants; whitecurrants
jucken	to itch
Jude (Jüdin) *m/f*	Jewish person
Jugendherberge *f*	youth hostel
Jugendliche(r) *m/f*	teenager
Juli *m*	July
jung	young
Junge *m*	boy
Junggeselle *m*	bachelor
Juni *m*	June
Juwelier *m*	jeweller's

K

Kabelfernsehen *nt*	cable TV
kabellose Internet-verbindung *f*	wireless internet
Kaffee *m*	coffee
Kaffeehaus (-häuser) *nt*	café
Kakao *m*	cocoa
Kalbfleisch *nt*	veal
kalt	cold
Kamillentee *m*	camomile tea
Kamin *m*	fireplace
kämpfen	to fight
Kanada *nt*	Canada
Kanadier(in) *m/f*	Canadian
kanadisch *adj*	Canadian
Kanal (Kanäle) *m*	canal; *(English)* Channel
kandiert	glacé
Kaninchen *nt*	rabbit
Kapelle *f*	chapel; orchestra
kaputt	broken; out of order
kaputtmachen	to break *(object)*
Karotten *pl*	carrots
Karte *f*	card; ticket; map; menu
Kartoffel(n) *f*	potato
Kartoffelpüree *nt*	mashed potato
Kartoffelsalat *m*	potato salad

Käse *m* cheese
Kasse *f* cash desk
Kassierer(in) *m/f* cashier
Kastanie *f* chestnut
Kater *m* hangover; tomcat
katholisch Catholic
Katze *f* cat
kaufen to buy
Kaufhaus (-häuser) *nt* department store
Kaugummi *m* chewing gum
Kaution *f* deposit
Kehle *f* throat
kein(e)... no...
keine(r/s) none
Keks(e) *m* biscuit
Kellner(in) *m/f* waiter/waitress
kennen to know; to be acquainted with
Kern *m* pip; core
Kerze *f* candle
Kette *f* chain
Kiefer *m* jaw
Kiefer *f* pine tree
Kind(er) *nt* child(ren)
Kinn *nt* chin
Kino *nt* cinema
Kirche *f* church
Kirmes *f* funfair
Kirsche(n) *f* cherry (cherries)
Kissen *nt* cushion; pillow
Klage *f* complaint
klar clear
Klarer *m* schnapps
Klasse *f* class; grade
Klavier *nt* piano
kleben to stick *(with glue)*
Kleid *nt* dress
Kleider *pl* clothes
klein small; short
Kleingeld *nt* change *(money)*
klettern to climb *(mountains)*

Klettverschluss *m*	Velcro®
klimatisiert	air-conditioned
klingeln	to ring *(bell, phone)*
Kloß (Klöße) *m*	dumpling
Kloster (Klöster) *nt*	monastery; convent
Kneipe *f*	pub
Knie *nt*	knee
Knoblauch *m*	garlic
Knöchel *m*	ankle
Knochen *m*	bone
Knödel *m*	dumpling
Koch (Köche) *m*	chef, cook
kochen	to boil; to cook
Köchin *f*	chef, cook
Kochschinken *m*	cooked ham
koffeinfreier Kaffee *m*	decaffeinated coffee
Koffer *m*	suitcase; trunk
Kofferanhänger *m*	luggage tag
Kohl *m*	cabbage
Kollege (Kollegin) *m/f*	colleague
Köln	Cologne
komisch	funny *(amusing)*
kommen	to come
Komödie *f*	comedy
Kondensmilch *f*	condensed milk
Konditorei *f*	cake shop; café
Konferenz *f*	conference
Konfitüre *f*	jam
König *m*	king
Königin *f*	queen
königlich	royal
können	to be able to; to know how to
Konsulat *nt*	consulate
Kontaktlinsen *pl*	contact lenses
Konto *nt*	bank account
Kontrolle *f*	check; control
Konzert *nt*	concert
Kopf (Köpfe) *m*	head
Kopfhörer *pl*	headphones
Kopfsalat *m*	lettuce

Kopfschmerzen *pl*	headache
kopieren	to copy
Korkenzieher *m*	corkscrew
Körper *m*	body
kosten	to cost
Kosten *pl*	cost *(price)*
kostenlos	free of charge
köstlich	delicious
Krabbe *f*	crab
Krämpfe *pl*	cramps
krank	ill; sick
Krankenhaus (-häuser) *nt*	hospital
Krankheit *f*	disease
Kräutertee *m*	herbal tea
Krebs *m*	crab *(animal)*; cancer *(illness)*
Kreditkarte *f*	credit card
Kreuzfahrt *f*	cruise
Kreuzung *f*	junction; crossroads
Kreuzworträtsel *nt*	crossword
Krieg *m*	war
Küche *f*	kitchen; cuisine
Kuchen *m*	flan; cake
Kugelschreiber *m*	pen
Kuh (Kühe) *f*	cow
kühl	cool
Kühlschrank (-schränke) *m*	fridge
Kunde (Kundin) *m/f*	client; customer
Kundenkarte *f*	store card
Kunsthalle *f*	art gallery
künstlich	artificial; man-made
Kurort *m*	spa
Kurs *m*	course; exchange rate
Kurve *f*	curve; corner; bend
kurz	short; brief
küssen	to kiss

L

lächeln	to smile
lachen	to laugh

Lachs *m*	salmon
Laden (Läden) *m*	shop; store
Lamm (Lämmer) *nt*	lamb
Land (Länder) *nt*	country *(Italy, France, etc.)*; land
Landkarte *f*	map *(of country)*
Landschaft *f*	countryside
Landwein *m*	table wine
lang	long
langsam	slow(ly)
langweilig	boring
Lärm *m*	noise
lassen	to let *(allow)*
Lastwagen *m*	truck; lorry
Lauch *m*	leek
laufen	to run
Laugenbrezel *f*	soft pretzel
laut	noisy; loud(ly); aloud
Lebensgefahr *f*	danger to life
Lebensmittel *pl*	groceries
Lebkuchen *m*	gingerbread
ledig	single *(not married)*
leer	empty; flat *(battery)*; blank *(CD)*
legen	to lay
Lehrer(in) *m/f*	teacher *(school)*; instructor
leicht	light *(not heavy)*; easy
leid: ***(es) tut mir leid***	(I'm) sorry
leider	unfortunately
Leihgebühr *f*	rental *(fee)*
leise	quietly; soft; faint
leiser stellen	to turn down *(volume)*
lernen	to learn
lesen	to read
letzte(r/s)	last; final
Leute *pl*	people
Licht *nt*	light
liebe(r)	dear *(in letter)*
lieben	to love
liebenswürdig	kind
lieber	rather
Lieblings-	favourite

Lied *nt* song
Liegestuhl (-stühle) *m* deckchair
Lift *m* lift
Limone *f* lime *(fruit)*
Linienflug (-flüge) *m* scheduled flight
linke(r/s) left(-hand)
links to the left; on the left
Loch (Löcher) *nt* hole
lochen to punch *(ticket, etc.)*
locker loose *(screw, tooth)*
Löffel *m* spoon
Loge *f* box *(in theatre)*
Lohn (Löhne) *m* wage
Lokal *nt* pub
Lorbeerblatt (-blätter) *nt* bayleaf
los loose
was ist los? what's wrong?
löslich soluble
Löwe *m* lion
Luft *f* air
Luftpost *f* air mail
Lüge *f* lie *(untruth)*
Lutscher *m* lollipop

M

machen to make; to do
das macht nichts it doesn't matter
Mädchen *nt* girl
Mädchenname *m* maiden name
Magenschmerzen *pl* stomach-ache
Magenverstimmung *f* indigestion
Mai *m* May
Mais *m* sweetcorn
Malzbier *nt* malt beer
man one; you; people
manchmal sometimes
Mandarine(n) *f* tangerine
Mandel *f* almond; tonsil
Mandelentzündung *f* tonsillitis

Mann *m*	man; husband
Männer *pl*	men
männlich	masculine; male
Mantel (Mäntel) *m*	coat
mariniert	marinated
Markt (Märkte) *m*	market
Marktplatz (-plätze) *m*	market place
Marmelade *f*	jam
März *m*	March
Material (Materialien) *nt*	material
Mauer *f*	wall
Maut *f*	toll *(motorway)*
Medikament *nt*	drug; medicine
Medizin *f*	medicine
Meer *nt*	sea
Meeresfrüchte *pl*	seafood
Mehl *nt*	flour
mehr	more
Mehrwegflasche *f*	returnable bottle *(usually with a deposit)*
Mehrwertsteuer (MWST) *f*	value-added tax (VAT)
mein(e)	my
meiste(n)	most
melden	to report *(tell about)*
Menge *f*	crowd
Messe *f*	fair *(commercial)*; mass *(church)*
Messegelände *nt*	exhibition centre
messen	to measure
Messer *nt*	knife
Metzgerei *f*	butcher's
mich	me
Mietauto *nt*	hire car
mieten	to hire; to rent *(house, etc.)*
Mietgebühr *f*	rental charge
Mietvertrag (-verträge) *m*	lease *(rental)*
Migräne *f*	migraine
Milch *f*	milk
Milchprodukte *pl*	dairy produce
minderwertig	low-quality
Mindest-	minimum

Minute(n) *f*	minute
Minze *f*	mint *(herb)*
mir	(to) me
mischen	to mix
Missverständnis *nt*	misunderstanding
mit	with
Mitglied *nt*	member *(of club, etc.)*
mitnehmen	to give a lift to
zum Mitnehmen	take-away *(food)*
Mittag *m*	midday
Mittagessen *nt*	lunch
Mitte *f*	middle
Mittel *nt*	means
ein Mittel gegen	a remedy for
mittelalterlich	medieval
Mittelmeer *nt*	Mediterranean
Mitternacht *f*	midnight
Mittwoch *m*	Wednesday
modern	fashionable; modern
mögen	to enjoy *(to like)*
möglich	possible
Möhre(n) *f*	carrot
Monat *m*	month
monatlich	monthly
Mond *m*	moon
Montag *m*	Monday
Morgen *m*	morning
morgen	tomorrow
Morgendämmerung *f*	dawn
Morgenmantel (-mäntel) *m*	dressing gown
Motorrad (-räder) *nt*	motorbike
Mücke *f*	midge; mosquito
müde	tired
Müll *m*	rubbish
Mülleimer *m*	bin *(dustbin)*
Mülltrennung *f*	waste separation *(for recycling)*
München	Munich
Mund *m*	mouth
Münster *nt*	cathedral
Münze(n) *f*	coin

Münztelefon *nt*	payphone
Muscheln *pl*	mussels
Musik *f*	music
müssen	to have to; must
mutig	brave
Mutter (Mütter) *f*	mother
Mütze *f*	cap *(hat)*
MWST *f*	VAT

N

nach	after
Nachbar(in) *m/f*	neighbour
Nachmittag *m*	afternoon
Nachname *m*	surname
Nachrichten *pl*	news
Nachspeise *f*	dessert; pudding
nächste(r/s)	next
Nacht (Nächte) *f*	night
Nachtisch *m*	dessert
nachzahlen	to pay extra
Nähe *f*	proximity
in der Nähe	nearby
Name *m*	name; surname
Nase *f*	nose
nass	wet
Naturschutzgebiet *nt*	nature reserve
Nebel *m*	mist; fog
neben	by *(next to)*; beside
neblig	foggy
Neffe *m*	nephew
nehmen	to catch *(bus, train)*; to take *(remove)*
nein	no
nennen	to quote *(price)*
nett	nice *(person)*; kind
Netto-	net *(income, price)*
neu	new
neueste(r/s)	newest; latest
Neujahr(stag) *m*	New Year's Day

Neuseeland *nt* New Zealand
nicht not; non-
Nichte *f* niece
Nichtraucher(in) *m/f* non-smoker
nichts nothing
nie never
Niederlande *pl* Netherlands
niedrig low
niemand no one; nobody
nirgends nowhere
noch still *(up to this time)*; yet
noch ein(e) extra *(more)*; another
Norden *m* north
Nordirland *nt* Northern Ireland
nördlich northern
Nordsee *f* North Sea
Notarzt (Notärztin) *m/f* emergency doctor
Notdienstapotheke *f* on-duty chemist
Notfall (Notfälle) *m* emergency
nötig necessary
Notruf *m* emergency number
notwendig essential; necessary
November *m* November
nüchtern sober
Nummer *f* number; act *(in show)*
nur only
Nürnberg Nuremberg
Nuss (Nüsse) *f* nut
nützlich useful

O

oben upstairs; above; this side up
oben auf on top of
Obst *nt* fruit
Obstkuchen *m* fruit tart
oder or
offen open
offene Weine *pl* wine served by the glass
öffentlich public

öffnen	to open; to undo
Öffnungszeiten *pl*	business hours
oft	often
ohne	without
Ohrenschmerzen *pl*	earache
Oktober *m*	October
Onkel *m*	uncle
Oper *f*	opera
Optiker *m*	optician('s)
Orange(n) *f*	orange *(fruit)*
Orangensaft *m*	orange juice
Ort *m*	place
örtlich	local
Osten *m*	east
Österreich *nt*	Austria
Österreicher(in) *m/f*	Austrian
österreichisch *adj*	Austrian
östlich	eastern

P

packen	to pack *(luggage)*
Paket *nt*	parcel; packet
Pampelmuse(n) *f*	grapefruit
Panne *f*	breakdown *(of car)*
Paprika(schote) *f*	pepper *(vegetable)*
Parken verboten	no parking
Parkhaus (-häuser) *nt*	multi-storey car park
Parkplatz (-plätze) *m*	car park
Parkschein *m*	parking ticket *(to display)*
Parkuhr *f*	parking meter
Pass (Pässe) *m*	passport; pass *(in mountains)*
passen	to fit
passieren	to happen
Passkontrolle *f*	passport control
Passnummer *f*	passport number
Pauschalreise *f*	package tour
Pauschaltarif *m*	flat-rate tariff
Pendelverkehr *m*	shuttle *(service)*
Pension *f*	guesthouse

pensioniert	retired
Peperoni *f*	chilli
perlend	sparkling
Personal *nt*	staff
Personalausweis *m*	identity card
Personalien *pl*	particulars
persönlich	personal(ly)
Pfand *nt*	deposit
Pfannkuchen *m*	pancake
Pfefferkuchen *m*	gingerbread
Pfefferminztee *m*	mint tea
Pferd *nt*	horse
Pferderennen *nt*	horse-racing
Pfirsich(e) *m*	peach
Pflanze *f*	plant *(green)*
Pflaster *nt*	plaster *(for cut)*
Pflaume(n) *f*	plum
Pforte *f*	gate
Pfund *nt*	pound
pikant	savoury; spicy
Pils/Pilsner *nt*	lager
Pilz(e) *m*	mushroom
Pistazie *f*	pistachio
planmäßig	scheduled
Platz (Plätze) *m*	seat; space; square *(in town)*
Plätzchen *nt*	biscuit
Platzkarte *f*	seat reservation *(ticket)*
plötzlich	suddenly
pochiert	poached *(egg, fish)*
Polen *nt*	Poland
Polizei *f*	police
Polizeirevier *nt*	police station
Polizeiwache *f*	police station
Porree *m*	leek
Portier *m*	porter *(for door)*
Portugal *nt*	Portugal
Portugiese (Portugiesin) *m/f*	Portuguese
portugiesisch *adj*	Portuguese
Post *f*	post office
Postamt (-ämter) *nt*	post office

postlagernd	poste restante
Postleitzahl *f*	postcode
praktisch	handy; practical
Pralinen *pl*	chocolates
Praxis *f*	doctor's surgery
Preis *m*	prize; price
Preiselbeersaft *m*	cranberry juice
Preisliste *f*	price list
Privatweg *m*	private road
probieren	to taste; to sample
pro Kopf	per person
prost!	cheers!
pro Stunde	per hour
provisorisch	temporary
Prozent *nt*	per cent
prüfen	to check *(oil, water, etc.)*
Prüfung *f*	exam *(school, university)*
Publikum *nt*	audience
Pullover *m*	sweater; jumper
Pulver *nt*	powder
pünktlich	on schedule; punctual
pur	straight *(drink)*
Pute *f*	turkey

Q

Qualität *f*	quality
Qualitätswein *m*	good-quality wine
Quantität *f*	quantity
Quelle *f*	spring *(of water)*; source
quetschen	to squeeze
Quittung *f*	receipt

R

Rabatt *m*	discount
Rad fahren	to cycle
Rasen *m*	lawn
rasieren	to shave
Rasierklinge *f*	razor blade
Rasierschaum *m*	shaving foam

Rasthof (-höfe) *m* truck stop
Rastplatz (-plätze) *m* picnic area
Raststätte *f* motorway services
raten to advise
Rathaus (-häuser) *nt* town hall
rau rough
Rauchen verboten no smoking
Raum (Räume) *m* space *(room)*
rechnen to calculate
Rechnung *f* bill *(account)*; invoice
rechte(r/s) right-hand
rechts to the right; on the right
reden to speak
reduziert reduced
Reformhaus *nt* health food shop
Regen *m* rain
Regenschirm *m* umbrella
regnen to rain
reich rich *(person)*
reichhaltig rich *(food)*
reif ripe; mature *(cheese)*
Reihe *f* row *(line)*; tier
rein pure
reinigen to clean
Reinigung *f* dry-cleaner's
Reis *m* rice
Reise *f* trip *(journey)*
Reisebüro *nt* travel agency
Reiseführer *m* guidebook
Reisekrankheit *f* travel sickness
rennen to run
Rentner(in) *m/f* pensioner; senior citizen
Reparatur *f* repair
reparieren to repair; to mend
reservieren to book; to reserve
Reservierung *f* booking; reservation
Restgeld *nt* change *(money)*
retten to rescue; to save *(person)*
Rezept *nt* prescription; recipe
R-Gespräch *nt* reverse charge call

S

German - English

Rhein *m*	Rhine
richtig	correct; right; proper
Richtung *f*	direction
riechen	to smell
Rinderbraten *m*	roast beef
Rindfleisch *nt*	beef
Ringstraße *f*	ring road
Rock (Röcke) *m*	skirt
Roggenbrot *nt*	rye bread
roh	raw
Roman *m*	novel
rosa	pink
Rosenkohl *m*	Brussels sprouts
Rosenmontag *m*	carnival *(Monday before Shrove Tuesday)*
Rosine(n) *f*	raisin
Rostbraten *m*	roast
rostfreier Stahl *m*	stainless steel
Röstkartoffeln *pl*	sautéed potatoes
rot	red
rote Bete *f*	beetroot
rote Johannisbeeren *pl*	redcurrants
Rotwein *m*	red wine
Rückerstattung *f*	refund
Rückfahrkarte *f*	return ticket
Rückflugticket *nt*	return airticket
rückwärts	backwards
rufen	to shout
Ruhe *f*	rest *(repose)*; peace *(calm)*
Ruhe!	be quiet!
ruhig	calm; quiet(ly); peaceful
Rührei *nt*	scrambled egg
rund	round
Rundfahrt *f*	tour; round trip
rutschig	slippery

S

Sachen *pl*	stuff *(things)*; belongings
Sachsen *nt*	Saxony

Sackgasse *f*	cul-de-sac
Saft (Säfte) *m*	juice
sagen	to say; to tell *(fact, news)*
Sahne *f*	cream *(dairy)*
Saison *f*	season
Salbe *f*	ointment
Salz *nt*	salt
Salzkartoffeln *pl*	boiled potatoes
Samstag *m*	Saturday
Satellitenfernsehen *nt*	satellite TV
satt	full
Satz (Sätze) *m*	set *(collection)*; sentence
säubern	to clean
sauer	sour
Sauerkraut *nt*	sauerkraut
S-Bahn *f*	suburban railway
Schach *nt*	chess
Schaden (Schäden) *m*	damage
schädlich	harmful
Schaf *nt*	sheep
Schaffner(in) *m/f*	conductor *(bus, train)*; guard
schälen	to peel *(fruit)*
Schalter *m*	switch
scharf	hot *(spicy)*; sharp
Schatten *m*	shade
schätzen	to value; to estimate
Schauer *m*	rain shower
Schaumwein *m*	sparkling wine
Schauspiel *nt*	play
Schauspieler(in) *m/f*	actor/actress
Scheibe *f*	slice
Schein(e) *m*	banknote; certificate
scheinen	to shine *(sun, etc.)*; to seem
Schere *f*	(pair of) scissors
scherzen	to joke
Schi-	*see* Ski-
schicken	to send
Schild *nt*	sign; label
Schinken *m*	ham
Schlachterei *f*	butcher's

schlafen	to sleep
schlagen	to hit
Schlagsahne *f*	whipped cream
Schlange *f*	queue; snake
schlecht	bad; badly
schließen	to shut; to close
Schließfach (-fächer) *nt*	locker
schlimm	serious
Schlittschuh laufen	to ice skate
Schloss (Schlösser) *nt*	castle; lock *(on door, etc.)*
Schluss *m*	end
Schlüssel *m*	key
Schlüsselkarte *f*	keycard
Schlussverkauf *m*	sale
schmecken	to taste
schmelzen	to melt
Schmerz *m*	pain; ache
schmerzhaft	painful
Schmerzmittel *nt*	painkiller
Schmuck *m*	jewellery; decorations
schmutzig	dirty
Schnee *m*	snow
schneiden	to cut
schnell	fast; quick
Schnellimbiss *m*	snack bar
Schnittbohnen *pl*	green beans
Schnittlauch *m*	chives
Schnittwunde *f*	cut
Schokolade *f*	chocolate
schön	lovely; fine; beautiful; good
Schotte (Schottin) *m/f*	Scot
schottisch	Scottish
Schottland *nt*	Scotland
schrecklich	awful
schreiben	to write
Schreibwarenhandlung *f*	stationer's
schriftlich	in writing
Schritt fahren!	dead slow!
Schuh(e) *m*	shoe
Schulden *pl*	debts

Schule *f* school
Schuppen *pl* scales *(of fish)*; dandruff
schwach weak
Schwager *m* brother-in-law
Schwägerin *f* sister-in-law
schwanger pregnant
schwarz black
Schwarzbrot *nt* rye/black bread
schwarze Johannisbeeren *pl* blackcurrants
Schweinefleisch *nt* pork
Schweiß *m* sweat
Schweiz *f* Switzerland
Schweizer(in) *m/f* Swiss
schweizerisch *adj* Swiss
schwer heavy
Schwester *f* sister; nurse; nun
Schwiegermutter *f* mother-in-law
Schwiegersohn *m* son-in-law
Schwiegertochter *f* daughter-in-law
Schwiegervater *m* father-in-law
schwierig hard *(difficult)*
Schwimmbad (-bäder) *nt* swimming pool
schwimmen to swim
schwind(e)lig dizzy
schwitzen to sweat
See *f* sea
See *m* lake
seekrank seasick
segeln to sail
sehen to see
Sehenswürdigkeit *f* sight; attraction
sehr very
seicht shallow *(water)*
Seide *f* silk
Seife *f* soap
sein(e) his; its
sein to be
seit since
Seite *f* page; side
Seitenstreifen *m* hard shoulder

Sekretär(in) *m/f* secretary
Sekt *m* sparkling wine
Sekunde(n) *f* second *(time)*
Selbstbedienung *f* self-service
Sellerie *m* celery
selten rare *(unique)*
seltsam strange *(odd)*
Senf *m* mustard
September *m* September
servieren to serve *(food)*
setzen to place; to put
sich setzen to sit down
setzen Sie sich bitte please take a seat
sicher sure; safe; definite
Sicherheit *f* safety
Sicherheitsgurt *m* seatbelt; safety belt
Sicherheitskontrolle *f* security check
sie she; her; they
Sie you *(formal sing. and pl.)*
singen to sing
sitzen to sit
Ski fahren to ski
SMS *f* text message
eine SMS schreiben to text
Sodbrennen *nt* heartburn
sofort at once; immediately
Sohn (Söhne) *m* son
Sojabohnen *pl* soya beans
Sommer *m* summer
Sommerferien *pl* summer holidays
Sonderangebot *nt* special offer
sonn- und feiertags Sundays and public holidays
Sonnabend *m* Saturday
Sonne *f* sun
Sonnenaufgang (-gänge) *m* sunrise
Sonnenbrand *m* sunburn
Sonnenbräune *f* suntan
Sonnenbrille *f* sunglasses
Sonnenstich *m* sunstroke
Sonnenuntergang (-gänge) *m* sunset

sonnig	sunny
Sonntag *m*	Sunday
sorgen für	to look after; to take care of
Soße *f*	dressing; sauce
Spanien *nt*	Spain
Spanier(in) *m/f*	Spaniard
spanisch *adj*	Spanish
sparen	to save *(money)*
Spargel *m*	asparagus
Sparpreis *m*	economy fare
Spaß *m*	fun; joke
spät	late
Spaziergang (-gänge) *m*	stroll; walk
Speck *m*	bacon
Speicherkarte *f*	memory card
Speise *f*	dish; food
Speisekarte *f*	menu
Spesen *pl*	expenses
Spezialität *f*	speciality
Spiegelei *nt*	fried egg
Spiel *nt*	game; pack *(of cards)*
spielen	to gamble; to play
Spinat *m*	spinach
Sprache *f*	speech; language
sprechen	to speak
sprechen mit	to talk to
Sprechstunde *f*	office hours; surgery hours
sprudelnd	fizzy
Sprudelwasser *nt*	sparkling water
Spucktüte *f*	sick bag
spülen	to flush *(toilet)*; to rinse
Spur *f*	lane *(of motorway/main road)*
Staatsangehörigkeit *f*	nationality
Stadion (Stadien) *nt*	stadium
Stadt (Städte) *f*	town; city
ständig	permanent(ly); continuous(ly)
stark	strong
statt	instead of
stattfinden	to take place
Stau *m*	traffic jam

S

German - English

Staub *m*	dust
stechen	to bite *(insect)*
Stechmücke *f*	mosquito; gnat
Steckrübe *f*	turnip
stehen	to stand
stehlen	to steal
steil	steep
Stelle *f*	job; place; point *(in space)*
sterben	to die
Stern *m*	star
Steuer *f*	tax
Stich *m*	bite *(from insect)*; stitch *(sewing)*; sting
Stiefel *pl*	boots *(long)*
Stiefmutter *f*	stepmother
Stiefvater *m*	stepfather
Stil *m*	style
still	still *(motionless)*; quiet
stilles Wasser *nt*	still water
Stimme *f*	voice
stimmt so!	keep the change!
Stirn *f*	forehead
Stockwerk *nt*	storey
Stoff *m*	cloth *(fabric)*
stören	to disturb *(interrupt)*
Stornierung *f*	cancellation
Störung *f*	hold-up; fault; medical disorder
stoßen	to knock; to push
Stoßzeit *f*	rush hour
Strafe *f*	punishment; fine
Strafzettel *m*	parking ticket *(fine)*
Strand (Strände) *m*	beach
Straße *f*	road; street
Straße gesperrt	road closed
Straßenarbeiten *pl*	roadworks
Straßenbahn *f*	tram
Straßenkarte *f*	road map
Streifenkarte *f*	multiple-journey travel card
streiten	to quarrel
Strickjacke *f*	cardigan

Strumpfhose *f* tights
Stück *nt* bit; piece
Studentenermäßigung *f* student discount
Stufe *f* step *(stair)*
Stuhl (Stühle) *m* chair
stumpf blunt *(blade)*
Stunde *f* hour; lesson
Sturm (Stürme) *m* storm
suchen to look for
Suchmaschine *f* search engine
Süden *m* south
südlich southern
Summe *f* sum *(total amount)*
Suppe *f* soup
süß sweet
Süßigkeiten *pl* sweets
Süßstoff *m* sweetener
Süßwaren *pl* confectionery

T

Tafelwein *m* table wine
Tag *m* day
jeden Tag every day
Tagespauschale *f* daily unlimited rate
Tagessuppe *f* soup of the day
täglich daily
Tal (Täler) *nt* valley
Tanne *f* fir
Tante *f* aunt
tanzen to dance
Tasche *f* pocket; bag
Taschenbuch (-bücher) *nt* paperback
Taschendieb *m* pickpocket
Taschenrechner *m* calculator
Taschentuch (-tücher) *nt* handkerchief
Tasse *f* cup
Taube *f* pigeon
Tauchen *nt* diving
tauschen to exchange

T

German - English

Tee *m*	tea
Teebeutel *m*	tea bag
Teekanne *f*	teapot
Teelöffel *m*	teaspoon
Teil *m/nt*	part
teilen	to divide; to share
telefonieren	to telephone
Teller *m*	plate
Termin *m*	date; deadline; appointment
Terminal *m*	terminal *(airport)*
teuer	dear *(expensive)*
Theke *f*	counter *(in shop, bar, etc.)*
Thunfisch *m*	tuna
tief	deep; low *(in pitch)*
Tiefkühltruhe *f*	freezer
Tier *nt*	animal
Tintenfisch *m*	octopus; squid
Tisch *m*	table
Tischwein *m*	table wine
Toastbrot *nt*	sliced white bread for toasting
Tochter (Töchter) *f*	daughter
Tochtergesellschaft *f*	subsidiary
Tollwut *f*	rabies
Tomate(n) *f*	tomato
Tor *nt*	gate; goal *(sport)*
Törtchen *nt*	cake *(small)*
Torte *f*	gâteau; tart
tot	dead
töten	to kill
Touristenklasse *f*	economy class
tragbar	portable
tragen	to carry; to wear
trampen	to hitchhike
Trauben *pl*	grapes
traurig	sad
treffen	to meet
Treppe *f*	stairs
Tresor *m*	safe
trinken	to drink
Trinkgeld *nt*	tip *(for waiter, etc.)*

Trinkwasser *nt*	drinking water
trocken	dry; stale *(bread)*
Trockenmilch *f*	powdered milk
Trockenobst *nt*	dried fruit
trocknen	to dry
Truthahn *m*	turkey
Tschechien *nt*	Czech Republic
tschüs(s)	cheerio; bye
tun	to do
Tunfisch *m*	tuna
Tür *f*	door
Turm (Türme) *m*	tower
Turnschuhe *pl*	trainers
typisch	typical

U

u.A.w.g.	RSVP
U-Bahn *f*	metro; underground
übel	sick *(nauseous)*; bad
über	over; above; about; via
überall	everywhere
überbuchen	to overbook
Überfall (-fälle) *m*	mugging
überfällig	overdue
überfüllt	crowded *(train, shop, etc.)*
Übergewicht *nt*	excess baggage; excess weight
überhitzen	to overheat
überholen	to overtake
Übernachtung mit Frühstück	bed and breakfast
überprüfen	to check *(to examine)*
übersetzen	to translate
überweisen	to transfer *(money)*
übrig	left over; extra *(spare)*
Uhr *f*	clock; watch
um	around
um 4 Uhr	at 4 o'clock
umdrehen	to turn around
umsonst	free *(costing nothing)*

umsteigen	to change
Umwelt *f*	environment
unbegrenzt	unlimited
und	and
Unfall (-fälle) *m*	accident
ungefähr	approximately
ungefährlich	safe *(not dangerous)*
ungewöhnlich	unusual
ungültig	invalid
unmöglich	impossible
uns	us
unser(e)	our
unsicher	uncertain *(fact)*
unten	downstairs; below
unter	under(neath)
unterbrechen	to interrupt
Unterführung *f*	subway
Unterkunft (-künfte) *f*	accommodation
unterrichten	to teach
unterschreiben	to sign
Unterschrift *f*	signature
Untertitel *pl*	subtitles
unwohl	unwell
Urlaub *m*	leave; holiday
Ursprungsland (-länder) *nt*	country of origin

V

Vanillesoße *f*	custard
Vater (Väter) *m*	father
Verbindung *f*	connection *(train, etc.)*; service *(bus, etc.)*; line *(phone)*
verboten	forbidden
verbringen	to spend *(time)*
verderben	to go bad *(food)*; to spoil
verdienen	to deserve; to earn
verdorben	bad *(fruit, vegetables)*
Verein *m*	society *(club)*
vereinbaren	to agree upon; to arrange
Vereinigtes Königreich *nt*	United Kingdom

Vereinigte Staaten (von Amerika) *pl*	United States (of America)
Verfallsdatum *nt*	expiry date; eat-by date
Vergangenheit *f*	past
vergeben	to forgive; to allocate
vergessen	to forget
Vergewaltigung *f*	rape
Vergnügen *nt*	enjoyment; pleasure
Vergrößerung *f*	enlargement
verheiratet	married
verhindern	to prevent
Verkauf *m*	sale
verkaufen	to sell
Verkäufer(in) *m/f*	salesman/woman
Verkehr *m*	traffic
verkehrt	wrong
verlängern	to extend *(stay)*; to renew *(visa)*
Verleih *m*	rental company; hire company
verletzen	to injure
verlieren	to lose
verlobt	engaged *(to be married)*
verloren	lost *(object)*
vermeiden	to avoid
vermieten	to rent; to let *(room, house)*
vermisst	missing *(person)*
verpassen	to miss *(plane, train, etc.)*
verschieben	to postpone
verschiedene	several; different
verschmutzt	polluted
verschwinden	to disappear
verschwunden	missing
versichert sein	to be insured
Versicherung *f*	insurance
Verspätung *f*	delay
versprechen	to promise
verstecken	to hide
verstehen	to understand
versuchen	to try
Vertrag (-träge) *m*	contract
Verwandte(r) *m/f*	relative

W

German - English

verwenden	to use
Verzeihung!	sorry!; excuse me!
verzollen	to declare *(customs)*
viel	much
viele	many
vielleicht	perhaps
Viertel *nt*	quarter
Viertelstunde *f*	quarter of an hour
Visitenkarte *f*	business card
Visum (Visa) *nt*	visa
Vogel (Vögel) *m*	bird
Volkslied *nt*	folk song
voll	full
Vollkornbrot *nt*	wholemeal bread
Vollmilchschokolade *f*	milk chocolate
Vollpension *f*	full board
vollständig	whole
von	from; of
vor	before; in front of
voraus	ahead
vorbei	past
vorbereiten	to prepare
Vorbestellung *f*	reservation
Vorname *m*	first name
Vorschrift *f*	regulation
Vorsicht *f*	caution
Vorspeise *f*	starter *(in meal)*; hors d'œuvre
Vorstellung *f*	performance
Vorverkauf *m*	advance booking
Vorwahl(nummer) *f*	dialling code
vorziehen	to prefer

W

wach	awake
Wache *f*	security guard
Wahl *f*	choice; election
wählen	to dial *(number)*; to choose
Wählton *m*	dialling tone
während	while; during

Währung *f*	currency
Wald (Wälder) *m*	wood; forest
Wales *nt*	Wales
Waliser(in) *m/f*	Welshman/woman
walisisch	Welsh
Walnuss (-nüsse) *f*	walnut
wandern	to hike
Wanderung *f*	hike
wann?	when?
warm	warm
Warnung *f*	warning
warten (auf)	to wait (for)
Wartesaal (-säle) *m*	waiting room
warum?	why?
was?	what?
waschbar	washable
waschen	to wash
Wasser *nt*	water
wasserdicht	waterproof
Wassermelone *f*	watermelon
Wasserski fahren	to water-ski
Wechsel *m*	change
Wechselgeld *nt*	change *(money)*
Wechselkurs *m*	exchange rate
wechseln	to change *(money)*; to give change
Wechselstube *f*	bureau de change
Weckruf *m*	alarm call
Weg *m*	path; way; country lane
weggehen	to leave *(on foot)*
weh tun	to ache; to hurt *(be painful)*
weiblich	female; feminine
weich	soft
weich gekochtes Ei *nt*	soft-boiled egg
Weihnachten *nt*	Christmas
weil	because
Wein *m*	wine
Weinberg *m*	vineyard
Weinbrand (-brände) *m*	brandy
weinen	to cry *(weep)*

Weinprobe *f*	wine-tasting
Weintrauben *pl*	grapes
weiß	white
Weißbrot *nt*	white bread
weit	far; loose *(clothing)*
weiter	farther; further on
weitermachen	to continue
Weizen *m*	wheat
welche(r/s)	which; what; which one
Welt *f*	world
Wende *f*	U-turn *(in car)*
wenden	to turn
wenig	little
weniger	less
wenn	if; when *(with present tense)*
wer?	who?
werden	to become
Werktag *m*	weekday
Wert *m*	value
Wertsachen *pl*	valuables
wertvoll	valuable
wesentlich	essential
Wespe *f*	wasp
wessen?	whose?
westlich	western
Wetter *nt*	weather
Wetterbericht *m*	weather forecast
Wettervorhersage *f*	weather forecast
wichtig	important
wie	like; how
wie viel?	how much?
wie viele?	how many?
wieder	again
wiederholen	to repeat
Wien	Vienna
willkommen	welcome
Wind *m*	wind
windig	windy
Winter *m*	winter
wir	we

wirksam	effective *(remedy, etc.)*
wissen	to know *(facts)*
Witz *m*	joke
wo?	where?
Woche *f*	week
Wochenende *nt*	weekend
Wochentag *m*	weekday
wöchentlich	weekly
woher?	where from?
wohin?	where to?
wohnen	to stay; to live *(reside)*
Wohnort *m*	home address
Wohnung *f*	flat *(apartment)*
Wohnzimmer *nt*	living room
wolkig	cloudy
Wolle *f*	wool
wollen	to want
Wort (Wörter) *nt*	word
Wörterbuch *nt*	dictionary
Wurst (Würste) *f*	sausage
Würstchenbude *f*	hot-dog stand
würzig	spicy

Y

Yachthafen *m*	marina

Z

zäh	tough *(meat)*
Zahl *f*	number *(figure)*
zahlen	to pay
z. B.	e.g.
Zeichentrickfilm *m*	cartoon
Zeichnung *f*	drawing
zeigen	to show
Zeit *f*	time
Zeitkarte *f*	season ticket
Zeitschrift *f*	magazine
Zeitung *f*	newspaper
Zentrum (Zentren) *nt*	centre

German - English

Z

ziehen	to pull
Ziel *nt*	destination; goal; target
ziemlich	quite *(rather)*
Zimmer *nt*	room *(in house, hotel)*
Zimmer frei	vacancies
Zitrone *f*	lemon
Zoll (Zölle) *m*	customs/toll
zollfrei	duty-free
zornig	angry
zu	to; off; too; at
zu Hause	at home
zubereiten	to prepare
Zucker *m*	sugar
zuckerfrei	sugar-free
Zug (Züge) *m*	train
zuhören	to listen
Zukunft *f*	future
zum Beispiel	for example
Zuname *m*	surname
zurück	back
zurücklassen	to leave behind
zusammen	together
zusätzlich	extra; additional
zuschauen	to watch
Zuschlag (-schläge) *m*	surcharge; supplement
Zustellung *f*	delivery *(of mail)*
Zutaten *pl*	ingredients
Zutritt verboten	no entry
zu viel	too much
zu viel berechnen	to overcharge
zuzüglich	extra
zweimal	twice
zweite(r/s)	second
Zwillinge *pl*	twins
zwischen	between
Zwischenlandung *f*	stopover *(plane)*